主体的な学びをめざす
小学校英語教育

教科化からの新しい展開

金森 強・本多敏幸・泉 惠美子 編著

教育出版

めざすべき小学校英語—教科化で期待されること

　新学習指導要領の実施に伴い，小学校3・4年（中学年）の外国語活動の時間と5・6年（高学年）の教科として英語にふれる授業時数を合わせると，これまでの3倍の時間になります。英語に慣れ親しむ機会が増えることで，児童が自信を持って自分の思いや考えを伝えることができるようになることが期待されます。これまで十分にできていなかった音声と文字をつなげる指導が小学校段階にふさわしい学びとして起こり，全教科を指導する小学校教員だからこそ生まれる他教科との連携を意識した指導や教材開発がなされることで，これまでとは違う指導観や教材観が生まれるはずです。

　また，ALTや友だちと関わりながらペアやグループによる協働学習を通して個性や創造性を活かした発信の機会にすることができれば，クラスの中の友だちのことをより理解する機会ともなり，「学びの集団作り」や表現することを通した自己肯定感，また，社会性の育成にもつながるでしょう。結果として，中学校，高等学校の英語教育の実践にも影響を与えることになるはずです。

増やされた時数を効果的に用いるには

　ただし，懸念されることもあります。そもそも小学校段階で英語教育の実施が検討されるようになった理由は，中学校以降において長年行われてきた文字言語を中心にした英語学習では，音声言語としての英語力が十分育たないということがあったからです。さらに，日本語への翻訳や英語の知識を学ぶ活動ばかりになってしまうと，英語を使用する楽しさやコミュニケーションの意義，達成感を得ることが難しく，受験のための英語学習で終わってしまいかねません。主体的な学びとはかけ離れた実践ともいえるでしょう。生涯を通して自律的に学び続けることができる十分な動機づけが与えられず，「英語嫌い」ということばさえ生まれてきたくらいです。

　教科化に伴い「読む」「書く」指導も含まれることになったことで，文字指

導への関心が高まっています。英語を母語として，あるいは第二言語として使用される国やアルファベット圏のリテラシー教育を日本の環境に持ち込もうとする動きもでているようです。ただし，十分英語の音声に慣れ親しむことがなければ，目標言語の音韻構造や音声への気づきは期待できません。また，アルファベット以外の文字を用いる日本における文字指導の工夫も必要なはずです。音声言語としての指導が足りず，文字を見ると理解できるが聞いただけではわからない力しか育たないのであれば，これまでと何の変わりもありません。

　外国語をそのまままねして発話することに対する抵抗が少ない小学生にこそ体験してほしいことは，英語の音声に十分慣れ親しみ，簡単な表現を用いてALTや友だちと関わり，コミュニケーションの大切さに気づく体験的な学びの時間を持つことです。結果として語句や定型表現の使用ができるようになることも若干は期待されるでしょうが，授業時数を考えると多くは期待できません。「気づき」から生まれる「見方・考え方」の広がりや外国語学習への動機づけが大切な視点であり，中学校の前倒しであってはなりません。

カリキュラム・マネジメントによる弊害？

　一番の課題となるのは，年間70単位時間の実施方法が各学校のカリキュラム・マネジメントに任せられている点です。高学年において，週2時間実施する学校もあれば，週1時間と15分のモジュール（短時間学習）を3回，あるいは，60分授業と15分のモジュールを2回，また，週1時間の授業に加えて毎月1回土曜日の授業を，残りは長期休業期間を利用した交流学習等を実施するような措置もとられるでしょう。このような異なる条件で指導された場合，中学校までに全国で同じレベルの英語力が身につくとは考えられません。

　小学校段階にふさわしい音声言語としての英語指導法や教材の開発が十分に進んでいない中，指導経験や十分な専門的知識，指導技術を持っていない担任教師が短時間授業の指導を任せられると，指導しやすく，また，学習の成果が形として残りやすい文字学習のドリル的活動を行う学校が増えるでしょう。本来あるべき音声を重視した英語教育とは反対方向に向かってしまいそうです。

短時間学習で気をつけなければならないこと

　短時間学習がドリル的な学習中心になってしまうと，コミュニケーションの見通しや言語が使用される場面・状況，言語の働きを意識しない無味乾燥な繰り返し練習に陥ってしまいます。どのような目的で，どんな気持ちを伝えるために使用する表現かを意識させず，語彙やフレーズを覚えるためだけの練習にならないように注意が必要です。「意味を伝える・表現する」ための音声的な特徴：声の表情（トーン，イントネーション，ポーズなど）やノンバーバルの特徴：顔の表情，体の表情（ジェスチャー）などを切り捨てた指導になっては意味がありません。そこに，相手との心をつなぐ言語活動の醍醐味はありません。「ことばの教育」としての指導の工夫を忘れてしまうと，記憶させて言えるようにするだけのトレーニングで終わってしまうからです。AI（人工知能）にはできない，人間教師だからこそできる豊かなコミュニケーション教育をめざしたいものです。

よりよい指導をめざして

　学習指導要領に示された教育内容は本当に年間70単位時間で消化できるものなのでしょうか。週４時間英語の授業がある中学校と小学校とでは教育条件が大きく異なります。音声指導の質や量がこれまでとどのように変わるのか，文字言語を用いた発達段階にふさわしい無理のない指導や教材とはどのようなものなのか，各技能をどこまで指導するのかなど，具体的な内容を詳しく検討することが必要となりそうです。

　教科化されても「ことばの教育」「全人教育」として大切なことは変わりません。「育てたい児童像」に迫る豊かな言語活動の実施をめざしたいものです。学校外で英語を学んでいる児童だけしかついてくることができない授業になってはいけません。「英語ディバイド」を早い段階で生み出してしまう教育にならないよう，さらなる教材開発とていねいな指導が求められます。

　　　　　　　　　　　　　　　　　　　　　　　　　　　　金森　強

目次

めざすべき小学校英語―教科化で期待されること　iii

第1章　小学校英語教育の新しい展開
1. これからの外国語教育―小・中・高等学校で一貫した目標の実現に向けて　……… 2
2. 英語教育を通したコミュニケーション能力の育成　……………………………… 8
3. 小学校外国語教育はどう変わるか―指導者が押さえておくべきこと　………… 14
4. 中学校の英語教育はどう変わるか―指導者が押さえておくべきこと　………… 20
5. 効果的な小中学校の接続と連携の在り方を探って　……………………………… 26
6. これからの指導者に必要な指導力・英語力　……………………………………… 34
   考えてみよう・やってみよう（第1章　課題）　………………………………… 40

第2章　主体的な学びをめざす授業作り
1. 子どもが主体的に学ぶ授業作りと指導の在り方　………………………………… 42
2. 高学年　外国語科　指導のポイント―児童の実態に応じた指導実践を　……… 48
3. 中学年　外国語活動　指導のポイント　…………………………………………… 54
4. アクティブ・ラーニングの視点での授業作り
   ―主体的学び・対話的学びから深い学びへ　…………………………………… 60
5. 評価の在り方（形成的評価のためのポートフォリオ）　………………………… 66
   Report ①　「パフォーマンス評価とルーブリックの活用」指導と活用の工夫例　72
6. 語彙指導の在り方　…………………………………………………………………… 76
   Report ②　歌・チャンツの効果的活用―選び方，使い方　80
7. 音声指導から文字指導へのスムーズな移行　……………………………………… 82
   Report ③　指導と活動の工夫例　86
8. ICTを活用したこれからの授業作り　……………………………………………… 90
   Report ④　海外との交流活動の具体案　94
9. 物語教材を活用した授業作り―中学年での活用・高学年での活用　…………… 98
   Report ⑤　物語教材活用の留意点と絵巻物教材の活用　104
10. 他教科との連携を生かした授業作り―内容言語統合型学習（CLIL）の可能性　…… 106
    Report ⑥　他教科連携の授業への期待と提案（CLIL的な取り組み）　110

11　国際理解教育，グローバル教育の視点を生かした授業作り 114
　　Report ⑦　指導と教材の工夫例　118
　　Report ⑧　国際理解教育の視点での歌の活用　122
12　特別支援，ユニバーサルデザインの視点を生かした授業作り 126
　　考えてみよう・やってみよう（第2章　課題）................................. 132

第3章　主体的な学びをめざす実践例

実践例1　コミュニケーション能力を育てる小中連携の実践例①............. 134
実践例2　コミュニケーション能力を育てる小中連携の実践例②............. 138
実践例3　小中高一貫した外国語教育プログラムの開発 142
実践例4　短時間学習の実践 146
実践例5　中学年からの外国語活動 148
実践例6　低・中学年からの外国語活動 152
実践例7　地域性と地域人材を生かした実践例
　　　　　──外国語活動の実践的な一場面としての「国際理解教室」の取り組み 156
実践例8　コミュニケーションを豊かにする活動と教材 160
実践例9　ICTを活用した教材開発，授業作り 164
実践例10　タブレットを活用した反転学習の実践例 168
実践例11　道徳と連携した実践例 172
実践例12　総合的な学習の時間と連携した実践例 176
実践例13　文字への気づきを大切にした実践例 180
実践例14　学級作りにつながる実践例 184
実践例15　国際理解教育の視点で作る実践例 188
実践例16　海外との交流事例 192
実践例17　特別支援学級におけるソーシャルスキルを高める実践例 196
実践例18　専科教員としての取り組みの実践例 200
実践例19　学び合い成長し合う校内研修の実践例 204

参考／引用文献　　209

第 1 章

小学校英語教育の新しい展開

1 これからの外国語教育
―― 小・中・高等学校で一貫した目標の実現に向けて

　平成29（2017）年3月31日，小学校学習指導要領と中学校学習指導要領が平成20（2008）年以来9年ぶりに改訂されました。この改訂は，平成26（2014）年11月に文部科学大臣からなされた諮問「初等中等教育における教育課程の基準等の在り方について」をうけて中央教育審議会での審議がスタートし，約2年がかりでその集大成として提出された「幼稚園，小学校，中学校，高等学校及び特別支援学校の学習指導要領等の改善及び必要な方策等について（答申）」（以下，「答申」）に沿ってなされたものです。外国語教育に関しては，小・中・高等学校で一貫した目標を設定し，その実現を図ることが明確になったといえます。なお，高等学校学習指導要領の改訂については，平成29（2017）年度末を見込んで現在作業が進められているところです。

　そこで，外国語教育に関わる学習指導要領改訂の背景・経緯，改訂の趣旨や具体的な改善事項などを簡単に整理しておきましょう。

(1) 外国語教育に関わる改訂の背景・経緯

　時を遡れば，今回の外国語教育改革の動きは，平成23（2011）年に公表された「国際共通語としての英語力向上のための5つの提言と具体的施策」（外国語能力の向上に関する検討会）に始まるといえるかもしれません。提言の1つとして「生徒に求められる英語力について，その達成状況を把握・検証する」ことが示されたのですが，この趣旨は，「英語を用いてどんなことができるようになるか」という観点から，生徒が身につけるべき能力を各学校が技能ごとに明確化することにありました。

　その後，平成25（2013）年に，政府の「教育再生実行会議　第三次提言」を

経て文部科学大臣が発表した「グローバル化に対応した英語教育改革実施計画」（文部科学省, 2013b）においては, 小・中・高等学校の各学校段階について青写真が描かれ, 例えば小学校については次のようになっていました。

〈中学年〉
- 「活動型」でコミュニケーション能力の素地を養う。
- 学級担任を中心に指導する。

〈高学年〉
- 「教科型」で初歩的な英語の運用能力を養う。
- 英語指導力を備えた学級担任に加えて専科教員を積極的に活用する。

この計画が小学校における改革のイメージを打ち出したこともさることながら, 特筆すべきは, 「小・中・高等学校を通じて一貫した学習到達目標を設定することにより, 英語によるコミュニケーション能力を確実に養う」ことも示した点でしょう。

そしてこの計画をより具体化するために, 文部科学省が設置した「英語教育の在り方に関する有識者会議」において議論が重ねられ, 「今後の英語教育の改善・充実方策について〜グローバル化に対応した英語教育改革の五つの提言〜（報告）」（平成26年9月）を取りまとめました（文部科学省, 2014b）。その2か月後に提出された前述の諮問は, この報告書の内容を踏まえたものとなっています。

こうした流れを経て今回の改訂に至ったわけですから, 改訂内容をよりよく理解するためにも, この英語教育改革に向けた一連の動きを念頭に置いておく必要があるでしょう。

(2) 改訂の趣旨

今回の改訂にあたっては, 現行の学習指導要領における成果と課題を踏まえた改善を図っています。課題についていえば, 答申では次のように整理していました。

○グローバル化が急速に進展する中で，外国語によるコミュニケーション能力は，生涯にわたる様々な場面で必要とされることが想定され，その能力の向上が課題

○学年が上がるにつれて児童生徒の学習意欲に課題が生じるといった状況や，学校種間の接続が十分とは言えず，進級や進学をした後に，それまでの学習内容や指導方法等を発展的に生かすことができないといった状況

○中・高等学校においては，文法・語彙等の知識がどれだけ身についたかという点に重点が置かれた授業が行われ，外国語によるコミュニケーション能力の育成を意識した取り組みが十分に行われていないことや，生徒の英語力では，コミュニケーションを行う目的・場面・状況等に応じて適切に表現することなどに課題

答申では，新教育課程において育成をめざす資質・能力を，

- 「何を理解しているか，何ができるか（生きて働く『知識・技能』の習得）」
- 「理解していること・できることをどう使うか（未知の状況にも対応できる『思考力・判断力・表現力等』の育成）」
- 「どのように社会・世界と関わり，よりよい人生を送るか（学びを人生や社会に生かそうとする『学びに向かう力・人間性等』の涵養）」

の3点に整理していますが，今回の改訂では，外国語教育におけるこれらの資質・能力をそれぞれ明確にした上で，上述のような課題を踏まえ，各学校段階の学びを接続させるとともに，「外国語を使って何ができるようになるか」を明確にするという観点から目標の改善・充実を図りました。そのことについて少し説明しておきましょう。

　児童生徒の学びの過程全体を通じて，知識・技能が，実際のコミュニケーションにおいて活用され，思考・判断・表現することを繰り返すことを通して獲得され，学習内容の理解が深まるなど，資質・能力が相互に関係し合いながら育成されることがポイントです。そこで，外国語学習の特性を踏まえて「知識・技能」と「思考力・判断力・表現力等」を一体的に育成し，小・中・高等学校で一貫した目標を実現するため，段階的に実現する5つの領域別の目標を

設定することとしました。5つの領域とは,「聞くこと」「読むこと」「話すこと［やり取り］」「話すこと［発表］」「書くこと」です。

　各学校においては,国が定める領域別の目標を踏まえ,具体的に学習到達目標を設定することとなります。学習到達目標の設定は,中・高等学校ではすでに平成25（2013）年度から全国的に取り組みが進められてきており,平成28（2016）年度の段階で,中学校の75.2％,高等学校の88.1％が設定を完了しています。今後は学習指導要領に示された領域別の目標をもとにする,という点に注目してください。

(3) 具体的な改善事項

①小学校

　中学年から,「聞くこと」及び「話すこと」を中心とした外国語活動を通じて外国語に慣れ親しみ,外国語学習への動機づけを高めます。その上で,高学年からは教科としての外国語を導入し,発達の段階に応じて段階的に「読むこと」及び「書くこと」を加えて総合的・系統的に扱う学習を行うことが求められます。その際,これまでの課題に対応するため,

　　〇アルファベットの文字や単語などの認識
　　〇国語と英語の音声の違いやそれぞれの特徴への気づき
　　〇語順の違いなど文構造への気づき

といった,言語能力向上の観点からの指導を教科として行う必要があります。

②中学校

　小学校の外国語活動及び外国語で身につけたことをうけ,また高等学校への接続を視野に入れながら,言語活動の面から次のように改善・充実を図る必要があります。

　　〇小学校で学んだ語彙や表現などの学習内容については,具体的な課題等を設定するなどして,意味のある文脈の中でのコミュニケーションを通して繰り返しふれ,必要な語彙や表現などを活用することができるようにする。

○生徒にとって身近なコミュニケーションの場面を設定した上で，学習した語彙や表現などを実際に活用する活動を充実させるとともに，高等学校への接続の観点から，授業は英語で行うことを基本とする。

③高等学校

現行の学習指導要領で行ってきた言語活動について，発表，討論・議論，交渉などといったさらなる高度化が求められます。そのため，科目の見直しを図り，「聞くこと」「読むこと」「話すこと」及び「書くこと」を総合的に扱う科目群として，「英語コミュニケーション」の「Ⅰ」「Ⅱ」「Ⅲ」を設定し，「Ⅰ」を共通必履修科目にするとともに，外国語による発信能力をさらに高める科目群として，「論理・表現」の「Ⅰ」「Ⅱ」「Ⅲ」を設定することとしています。前述のとおり，改訂は平成29（2017）年度末の予定です。

(4) 新学習指導要領における小・中学校の「目標」

最後に，新学習指導要領に示された小学校外国語活動，小学校外国語及び中学校外国語の目標を，相互に比較しながら見ておきましょう。

小学校外国語活動では，「コミュニケーションを図る素地となる資質・能力」を育成するため，次の3点の目標を掲げています。

> (1) 外国語を通して，言語や文化について体験的に理解を深め，日本語と外国語との音声の違い等に気付くとともに，外国語の音声や基本的な表現に慣れ親しむようにする。
> (2) 身近で簡単な事柄について，外国語で聞いたり話したりして自分の考えや気持ちなどを伝え合う力の素地を養う。
> (3) 外国語を通して，言語やその背景にある文化に対する理解を深め，相手に配慮しながら，主体的に外国語を用いてコミュニケーションを図ろうとする態度を養う。

小学校外国語では，「コミュニケーションを図る基礎となる資質・能力」を育成するため，次の3点の目標を掲げています。

> (1) 外国語の音声や文字,語彙,表現,文構造,言語の働きなどについて,日本語と外国語との違いに気付き,これらの知識を理解するとともに,読むこと,書くことに慣れ親しみ,聞くこと,読むこと,話すこと,書くことによる実際のコミュニケーションにおいて活用できる基礎的な技能を身に付けるようにする。
> (2) コミュニケーションを行う目的や場面,状況などに応じて,身近で簡単な事柄について,聞いたり話したりするとともに,音声で十分に慣れ親しんだ外国語の語彙や基本的な表現を推測しながら読んだり,語順を意識しながら書いたりして,自分の考えや気持ちなどを伝え合うことができる基礎的な力を養う。
> (3) 外国語の背景にある文化に対する理解を深め,他者に配慮しながら,主体的に外国語を用いてコミュニケーションを図ろうとする態度を養う。

中学校外国語では,「簡単な情報や考えなどを理解したり表現したり伝え合ったりするコミュニケーションを図る資質・能力」を育成するため,次の3点の目標を掲げています。

> (1) 外国語の音声や語彙,表現,文法,言語の働きなどを理解するとともに,これらの知識を,聞くこと,読むこと,話すこと,書くことによる実際のコミュニケーションにおいて活用できる技能を身に付けるようにする。
> (2) コミュニケーションを行う目的や場面,状況などに応じて,日常的な話題や社会的な話題について,外国語で簡単な情報や考えなどを理解したり,これらを活用して表現したり伝え合ったりすることができる力を養う。
> (3) 外国語の背景にある文化に対する理解を深め,聞き手,読み手,話し手,書き手に配慮しながら,主体的に外国語を用いてコミュニケーションを図ろうとする態度を養う。

小学校では「身近で簡単な事柄について,簡単な語句や基本的な表現を用いて伝え合う」,中学校では「日常的な話題や社会的な話題にまで広げて,考えや気持ちなどを伝え合う」ことになります。上記の目標を相互に見比べてみて,小学校から中学校への「グラデーション」が感じられるでしょうか。

(平木 裕)

2 英語教育を通したコミュニケーション能力の育成

(1) グローバル化の現状と英語

　産業界のグローバル化は急激に加速しています。日本社会の少子高齢化が進む中，日本以外のマーケットを開拓し，生産拠点を海外に移転するケースが目立ちます。また，業界によっては日本国内でも外国の人たちに働いてもらう必要性が増しています。

　こういった状況は何も大企業にかぎったことではなく，中小零細企業にもあてはまります。さらに，製造業やサービス業だけにとどまらず，すべての産業において外国人労働者が必要とされ始めています。そんな中，海外から人材を確保する厳しさは，今後さらに増すことが予想されます。東南アジア諸国も一部の国を除き，少子高齢化に向かっているからです。

　このような状況を踏まえると，日本の社会や企業が，発想や習慣の多様性に寛容になることが大切です。さらに，外国語（英語）がある程度通じるようになり，ことばという「非関税障壁」が少しでも低くなることが求められます。そうしないと，日本に来て働く，あるいは日本企業で働こうという外国人を確保することは今後さらに難しくなるでしょう。現在でも，日本で介護士や看護師として働こうと思っても，最後に待ち受けている日本語による試験のためにあきらめてしまう外国人が多いのです。

　グローバル化が進んでいるのは企業だけでなく，大学も同じです。世界の高校生や大学生が進学先・交換留学先を選ぶ際，いくつかある「世界大学ランキング」を参考にするケースが多く，これらのランキングで高い評価を得て，海外の大学と交換留学協定を結べるようにするには，研究面を強化しなくてはならないのはもちろんのことですが，英語で講義される専門科目の割合も増やさ

なくてはなりません。

　ただし，日本の高校を卒業して大学に入学してくる学生の割合が圧倒的に多い日本の大学の事情に鑑みると，日本人学生の英語力が4技能（聞く，話す，読む，書く）のバランスがよく，かつCEFR（ヨーロッパ言語共通参照枠）の基準でいえば最低でもB1以上でないことには専門科目の授業の英語化はなかなか進みません。

　このような状況の中，やはり現実は厳しいです。文部科学省が平成29（2017）年4月に公表した全国の公立中高校生を対象とした「2016年度の英語教育実施状況調査」の結果によると，中学3年生でCEFRのA1上位（英検3級程度）に達している生徒は36.1％，高校3年生でCEFR A2レベル（英検準2級，GTEC CBT 700点など）以上の英語力を有する生徒は36.4％しかいません（文部科学省，2017a）。

　「外国語（英語）ができてもグローバル人材とは限らない」と論じる人がいます。しかし，グローバルな発想を持ち，グローバルに活躍する人で，外国語がほとんどできない人は少ないといえます。きわめて低い外国語力でもやっていける人は，常に通訳を同行させることができる立場にあるか，社会的に強い影響力があるリーダーのような人です。

(2) コミュニケーションと英語の関係

　英語教育においては，以前から「コミュニケーションを図る」という文脈でコミュニケーションが語られることが多くありました。例えば，「高等学校学習指導要領」（2009）では，外国語の目標は以下のように記述されています。

> 　外国語を通じて，言語や文化に対する理解を深め，積極的にコミュニケーションを図ろうとする態度の育成を図り，情報や考えなどを的確に理解したり適切に伝えたりするコミュニケーション能力を養う。(p.87)

　しかし，筆者の知るかぎり，文部科学省の発行物においてコミュニケーショ

ンそのものを定義したものは見当たりません。学習指導要領（2009）ではコミュニケーションを必ずしも「図るもの」として定義しているわけではありませんが，図る態度を重視しています。

また，英語教育などの専門家が書いた文章には，「意図的な働きかけ」によってコミュニケーションが始まることを想起させる記述が多くあります。さらに，「コミュニケーションは双方向である」という表現をよく目にするように，方向性のあるものとしてもとらえられる傾向が強く，よくキャッチボールにたとえられます。

しかし，コミュニケーションとは「意図的な発信」から始まることばかりではありません。ある場を共有しているだけで，自分は何も発信していないつもりでも，コミュニケーションという関係性の中に取り込まれています。つまり，コミュニケーションとは「とる」「図る」ものでは必ずしもなく，「ある」ものである，という考え方です。例えば，松本（2016）は次のように定義しています。

> 2人以上の人間が言語，準言語，その他の非言語コミュニケーションの要素を媒介として直接的または間接的に関わっている状態のこと。(Communication is the state of being connected directly or indirectly with one another through language, paralanguage, and/or other nonverbal communication aspects.)

この定義では，言語以外の要素を便宜上，準言語と非言語に分けています。「準言語」は，声の質（高さ，大きさ，テンポ，イントネーション，リズムなど）と音声化された笑い，泣き声，ため息などを意味しています。また，「非言語」とは，ジェスチャー（身振り・手振り），顔の表情，姿勢，視線，相手との距離，服装などを指します。

また，鈴木（2010）は，コミュニケーションを「人々によって共有される意味が創造されるプロセス」と定義づけています。コミュニケーションという状態（文脈）に居合わせた者が作用し合い，その人たちの間で意味が共有されていく「過程（process）」であることに着目しています。

このような定義に基づいて，英語とコミュニケーションの関係性を整理する

と,「英語はコミュニケーションという2人以上の人間が関わっている状態や意味を共有化するプロセスにおける媒介」と言えます。

(3) コミュニケーション能力（コミュニケーションの基礎的能力）

平成24（2012）年に発表された「『グローバル人材育成推進会議』の審議のまとめ」において,「グローバル人材」の要素として以下の3つを挙げています。

要素Ⅰ：語学力・コミュニケーション能力
要素Ⅱ：主体性・積極性，チャレンジ精神，協調性・柔軟性，責任感・使命感
要素Ⅲ：異文化に対する理解と日本人としてのアイデンティティー

このことからわかることは，語学力やコミュニケーション能力を重視していることと，語学力とコミュニケーション能力を別物としてとらえている，ということです。

コミュニケーション能力については，文部科学省の発行物の中で唯一定義しているものがあります。それは，コミュニケーション教育推進会議審議経過報告「子どもたちのコミュニケーション能力を育むために」（平成23年8月29日）です。そこには,「いろいろな価値観や背景をもつ人々による集団において，相互関係を深め，共感しながら，人間関係やチームワークを形成し，正解のない課題や経験したことのない問題について，対話をして情報を共有し，自ら深く考え，相互に考えを伝え，深め合いつつ，合意形成・課題解決する能力」（文部科学省，2011b）と定義されています。相互関係性に着目しつつ,「合意形成・課題解決する能力」という，かなり狭い定義をしています。

また，英語教育の分野では，Canale and Swain（1980）の定義が今でもよく引用されます。

① 文法能力：文法的に正しい文を用いる力
② 談話能力：意味のある談話（会話や発表）や文脈を理解し，談話を作る力
③ 社会言語能力：社会的な文脈を理解・判断し，状況や相手に合った表現をす

る力
④　方略的能力：目的達成のために対処する力

　さらに、コミュニケーション学においては、コミュニケーションとは他者との協同的要素（関係性）が強く働くプロセスですから、「能力」という個人に内在する機能という相容れない概念を組み合わせることは不可能であり、よってコミュニケーション能力という概念そのものがおかしいとする考えがあります（板場, 2010：pp.34-35）。

　その一方で、「個人の言動の違いによって、コミュニケーションという関係性に違いとして表れる」「コミュニケーションという状態にプラスの影響を与えることが多い人と必ずしもそうでない人がいる」ということが経験的にわかっています。

　よって、筆者はコミュニケーションという状態（関係性）において、ある程度普遍的に発揮される基礎的な能力が個人に内在していると考え、これを「コミュニケーションの基礎的能力」と呼び、以下のように定義づけます。

> コミュニケーションという状態（関係性）において、他者との結びつきを創造・保持・修正しつつ、知識・スキル・経験などに基づいて、文脈や目的などに応じて意味を創出していくために、言語・準言語・非言語メッセージを活用する個人に内在する力。

(4) 英語教育を通して育てるコミュニケーションの基礎的能力

　英語という言語を獲得することだけを考えて設計・実行される英語教育と、コミュニケーションの基礎的能力の育成も視野に入れた英語教育は、思想的に違うだけでなく、成果という点で大きな違いを生み出します。

　前者の場合には、日本語を媒介としたコミュニケーションの基礎的能力をベースとして、その上に英語という言語システムを搭載するというイメージです。「外国語能力を育成することよりも日本語能力を上げる方が先だ」と主張する

人たちは，このようなイメージを持っていると思われます。そして，いかに効率的に外国語をマスターするかということが最大の関心事です。活動は，あくまでも言語の習得のためであり，時間がかかるものを避ける傾向が強いようです。

　一方，後者の場合，他者との関係性を意識し，異なる背景や体験を有する人は同じ言動に対して異なる意味づけをすることがあり，同じ感情や考えであっても違う表現をする，といったことを念頭に，活動に時間をかける傾向が強いようです。対話的学習体験を重視し，結果として外国語能力そのものも身につくことをねらいとしています。

　母語である日本語では普段あまり口もきかないクラスメートとも，「外国語活動」や「英語」の時間には英語で挨拶をします。また，タスクに取り組むためにペアワークやグループワークをすることで，媒介としての言語の重要性を肌で感じ，互いに意味を共有化することの楽しさや難しさを実感することになります。このような体験はコミュニケーションの基礎的能力の伸張に大いに役立ちます。

　少なくとも小学校における「外国語活動」「英語」においては，後者（コミュニケーションの基礎的能力の育成も視野に入れた英語教育）の方がおさまりがよいと思われます。

　外国語活動や英語の授業における活動を通して，異質な考えや発想に興味を持って，それらに寛容になり，さらにまわりの人との関係性とことばの影響について注意を払い，他者を尊重する子どもたちが育ちます。英語の学習を通してコミュニケーションの基礎的な能力が伸張され，そのことにより英語力も伸びるという循環が生まれることが期待されます。　　　　　　　　　（松本　茂）

3 小学校外国語教育はどう変わるか
――指導者が押さえておくべきこと

　平成32（2020）年度から小学校中学年に「外国語活動」が，高学年に教科「外国語」が導入されます。それに先立ち，平成30（2018）年度より移行措置期間となり，多くの小学校で先行実施されます。本章では，これまでの高学年での「外国語活動」から，英語が早期化・教科化された場合に，指導内容や到達目標等はどのように変わるのかを，学習指導要領を中心に中学年の「外国語活動」と高学年の「外国語」を概観するとともに，指導者が押さえておくべき事柄について考えます。

(1) 学習指導要領のねらいと目標

　文部科学省は平成29（2017）年3月31日に，新学習指導要領「生きる力」を公示しました。その中で，グローバル化が進み，第4次産業革命の時代を見据え，予測不能な変化に対して柔軟に対応できる生き抜く力を育むために，「生きて働く『知識・技能』の習得」「未知の状況にも対応できる『思考力・判断力・表現力等』の育成」「学びを人生や社会に活かそうとする『学びに向かう力・人間性等』の育成」の3つの柱と，「主体的・対話的で深い学び」の実現と「情報活用能力の育成」とを大きなテーマに掲げ，すべての教科・学習の場面で計画的に取り組まなければならないとしています。

　また，学習指導要領では，3つの資質・能力の観点「個別の知識や技能」，「思考力・判断力・表現力等」，「学びに向かう力，人間性等（情意・態度等に関わるもの）」に沿って，目標も3つ定めています。

　小学校中学年で導入される「外国語活動」の目標は，以下のとおりです。

　外国語によるコミュニケーションにおける見方・考え方を働かせ，外国語による聞くこと，話すことの言語活動を通して，コミュニケーションを図る素地とな

> る資質・能力を次のとおり育成することを目指す。
> (1) 外国語を通して，言語や文化について体験的に理解を深め，日本語と外国語との音声の違い等に気付くとともに，外国語の音声や基本的な表現に慣れ親しむようにする。
> (2) 身近で簡単な事柄について，外国語で聞いたり話したりして自分の考えや気持ちなどを伝え合う力の素地を養う。
> (3) 外国語を通して，言語やその背景にある文化に対する理解を深め，相手に配慮しながら，主体的に外国語を用いてコミュニケーションを図ろうとする態度を養う。

　さらに，「聞くこと」「話すこと［やり取り］」「話すこと［発表］」の三領域別に目標が設定され，その実現をめざした指導や過程を通して，上記の資質・能力を一体的に育成することが求められています。
　一方，高学年で導入される「外国語」の目標は以下のとおりです。

> 　外国語によるコミュニケーションにおける見方・考え方を働かせ，外国語による聞くこと，読むこと，話すこと，書くことの言語活動を通して，コミュニケーションを図る基礎となる資質・能力を次のとおり育成することをめざす。
> (1) 外国語の音声や文字，語彙，表現，文構造，言語の働きなどについて，日本語と外国語との違いに気付き，これらの知識を理解するとともに，読むこと，書くことに慣れ親しみ，聞くこと，読むこと，話すこと，書くことによる実際のコミュニケーションにおいて活用できる基礎的な技能を身に付けるようにする。
> (2) コミュニケーションを行う目的や場面，状況などに応じて，身近で簡単な事柄について，聞いたり話したりするとともに，音声で十分に慣れ親しんだ外国語の語彙や基本的な表現を推測しながら読んだり，語順を意識しながら書いたりして，自分の考えや気持ちなどを伝え合うことができる基礎的な力を養う。
> (3) 外国語の背景にある文化に対する理解を深め，他者に配慮しながら，主体的に外国語を用いてコミュニケーションを図ろうとする態度を養う。

　こちらは，「聞くこと」「読むこと」「話すこと［やり取り］」「話すこと［発表］」「書くこと」の五領域別に目標が設定され，その実現をめざした指導・過

程を通して，資質・能力を一体的に育成することがめざされています。

　また，「外国語によるコミュニケーションにおける見方・考え方」は，中央教育審議会の答申（平成28〈2016〉年12月21日）によると，他者とコミュニケーションを行う力を育成する観点から，社会や世界との関わりの中で，外国語やその背景にある文化の多様性を尊重し，外国語を聞いたり読んだりすることを通じてさまざまな事象等をとらえ，情報や自分の考えなどを外国語で話したり書いたりして表現し伝え合うなどの一連の学習過程を経て，子どもたちの発達段階に応じた「見方・考え方」が豊かで確かなものになることを重視し，整理することが重要とされ，「外国語で表現し伝え合うため，外国語やその背景にある文化を，社会や世界，他者との関わりに着目してとらえ，コミュニケーションを行う目的や場面，状況等に応じて，情報を整理しながら考えなどを形成し，再構築すること」となっています。小学校では，英語でコミュニケーションを行う目的や，英語が使われる場面を設定し，状況に応じて，児童が相手のことを考えながら，自分の意見や考えを表現し伝え合うことが大切だと考えられます。

　なお，言語材料については，扱う語彙が600〜700語程度になる，代名詞のうちhe, sheなどの基本的なものを含む，動名詞や過去形のうち，活用頻度の高い基本的なものを含むといったことが現行の学習指導要領と異なる点です。

(2) 教材や評価等はどう変わるか

　小学校で外国語が教科になると，教科書を用いて指導を行い，評定や数値評価も行うことになります。文部科学省は3年から6年の年間指導計画の具体例と新教材を示し，指導資料やデジタル教材なども作成されています。それらを参考に，各小学校で短時間学習も視野にカリキュラムマネジメントを行い，指導目標，年間指導計画や単元計画を作成し，担任が中心となって専科教員や外国語指導助手（ALT）の協力も得ながら，指導と評価を行うことになります。

　学習指導要領で求められる学習評価については，小・中・高等学校の各教科を通じて「知識・技能」「思考・判断・表現」「主体的に学習に取り組む態度」

の3観点になります。「知識・技能」(「外国語を用いて〇〇することができる」)は，語彙・表現や文法などの知識の習得に主眼を置くのではなく，それらを活用して実際のコミュニケーションを図ることができるような知識として習得されるとともに，自律的・主体的に活用できる技能を外国語の習熟・熟達に向かうものとして評価します。また，「思考力・判断力・表現力等」(「外国語を用いて〇〇している」など)は，コミュニケーションを行う目的・場面・状況等に応じて，外国語を聞いたり読んだりして情報や考えなどを的確に理解したり，外国語を話したり書いたりして適切に表現したりするとともに，情報や考えなどの概要・詳細・意図を伝え合うコミュニケーションができているかどうかに留意して評価します。「学びに向かう力・人間性等」については，「主体的に学習に取り組む態度」(「外国語を用いて〇〇しようとしている」)として観点別評価を通じて見取り，単元における学習と一体的に評価が行われる必要があるとされています。つまり，児童がコミュニケーションへの関心を持ち，自ら課題に取り組んで表現しようとする意欲や態度を身につけているかどうかを評価することが重要です。各学校で設定した目標に準拠した観点別学習状況の評価を行うにあたっては，「外国語を用いて何ができるようになるか」という観点から単元全体を見通した上で，授業の中で育成をめざす技能やその活用方法について重点化して指導し，単元目標と年間の到達目標とが有機的につながるよう，単元・年間を通してすべての観点から総合的に評価することが重要で，高学年の「外国語」は，「評定」つまり，特性及び発達の段階を踏まえながら，数値による評価を適切に行うことになります。なお，観点別学習状況の評価では十分に示すことができない，児童一人ひとりのよい点や可能性，進歩の状況等については，日々の教育活動や総合所見等を通じて児童に積極的に伝えることが重要とも記されています。一方，「外国語活動」は，特に顕著な取り組みが見られる場合，文章の記述による評価を行うとされています。そのために，ルーブリックを用いたパフォーマンス評価や，CAN-DOを用いた振り返りシートなどによるポートフォリオ評価も行い，多角的・客観的に児童が英語で何ができるようになっているかを見る必要があります。

(3) 指導者が押さえておくべきこと

　教科になっても，変わることと変わらないことがあります。指導目標，指導内容と評価，時間数（4年間で合計210時間），カリキュラム等は変わりますが，担任が中心となって児童にコミュニケーション能力の素地を育成すべく，教材や教具を工夫し，英語を用いる必然性を与え，外国の文化や言語に興味を持たせ，英語でやり取りを行う楽しさや，英語で聞いたり話したりできるといった達成感を与え，指導をされてきた本質や取り組み内容は変わりません。外国語活動が中学年で始まり，高学年では，読む・書くが入ってくる，指導する語や文法が増える，外国語の定着が求められる，評定が必要になる，といった変更点を踏まえ，指導者はどのようなことに留意する必要があるかを以下に考えます。

①児童の発達段階や知的好奇心，興味・関心を考慮した指導を行う

　教科「外国語」では，英語を習得させることが必要になりますが，語彙や表現を，難解な文法用語などを用いて指導し，丸暗記をさせたり，4技能を同時に指導したり，中学校「外国語」の前倒しになるような過度な指導は望ましくありません。語彙も聞いて理解できればよいものや，実際に使えるようにしたいものなど，レベル差があり一律には扱いません。児童の発達・認知段階や興味・関心に合致し，児童に関連した身近なテーマや内容を題材として取り上げ，コミュニケーションをする意味や目的がある楽しい活動や発問を工夫しながら，児童に深く考えさせるような，豊かな体験的活動を取り入れたいものです。

②音声の基盤に立った上でゆるやかに文字指導に移行する

　「聞く・話す」と「読む・書く」では児童の学習負担も大きく異なります。意味を中心とした音声指導を十分に行った上でていねいに文字指導に移行します。音声や意味を重視せず，ひたすらアルファベットや語彙を書かせたり，音と文字のルールのみを教えるような指導は避けたいものです。「聞く・話す」と「読む・書く」の指導・到達目標が異なることを意識することが大切です。

③英語を用いる場面と必然性を与え，指導者も英語を用いてやり取りを行う

　児童に曖昧さに耐える力や推測する力を育成するためにも，良質な英語の入

力を豊富に与える必要があります。また，意味ある文脈の中で，英語を用いる必然性がある場面や状況を与えて，指導者も英語で児童とやり取りを行います。英語教育では間違いを恐れず話させたり，情動を働かせ，音声やリズムを身体で体得させることも重要です。そこで，歌・チャンツ・絵本の読み聞かせや，DVDなどの視聴覚教材や，デジタル教材などICT機器を活用することも有効です。

④全人教育である小学校教育における指導を意識する

英語教育を，他教科・他領域横断型カリキュラムや内容言語統合型学習（CLIL），学校行事やグローバル教育などと関連づけて指導することが大切です。外国語や外国の文化やそこで暮らす人々への興味・関心を育て，グローバルな視野を持ち，さまざまな課題についてペアやグループ，クラス全体など他者と協働で考えたり調べたりするような，主体的で対話的な深い学び（アクティブ・ラーニング）の視点も取り入れましょう。

⑤評価の仕方を工夫する

数値評価や評定が必要になると，筆記テストを中心にと思うかもしれませんが，評価をすることで英語を難しく感じ，嫌いになったり，やる気をなくさせるのは得策ではありません。例えば，リスニングクイズやインタビュー，発表など，普段の授業の中で，あるいは延長として評価を行うことを心がけましょう。タブレットやビデオの活用も児童のパフォーマンスを高めるのに有効です。

（4）終わりに

小学校英語が教科になったら，覚えることが増えてわからなくなった，授業がつまらなく嫌いになったという事態は避けたいものです。指導者の「このような題材や教材を取り上げて指導をしたい」「こんな児童に育ってほしい」「英語を用いてこんなことができるようになってほしい」といった思いや信念を大切に，授業作りを楽しみ，21世に生きる子どもたちに豊かな外国語教育を実践していきたいものです。

（泉 惠美子）

4 中学校の英語教育はどう変わるか
―― 指導者が押さえておくべきこと

　平成33（2021）年度より次の中学校学習指導要領が全面実施されます。これに伴い，これまでの指導内容や指導方法を大きく変えなければなりません。その理由は主に２つあります。第１に，すべての児童が３年生から英語にふれ，４年間を通して210単位時間の授業を受けて入学してくるからです。現在よりもさらに英語に慣れた生徒を教えることになります。第２に，学習指導要領の内容が現行のものから大幅に改訂されるからです。では，どのように変えるべきなのでしょうか。指導者として押さえておくべきポイントを示したいと思います。

(1) 小学校に外国語活動が導入されてからの現在の状況

　平成23（2011）年度に外国語活動が導入されてから，入学してくる生徒に変化がみられます。文部科学省が平成27（2015）年２月に実施した「小学校外国語活動実施状況調査」の結果によると，第１学年を担当した経験のある中学校英語教員のうち，外国語活動導入前と比べ，中学１年の生徒に「成果や変容がとてもみられた」または「まあまあみられた」と回答した割合は８割を超えていました。具体的には，「英語の音声に慣れ親しんでいる」「英語で活動を行うことに慣れている」「英語に対する抵抗感が少ない」「英語を使って積極的にコミュニケーションを図ろうとする態度が育成されている」の点で特に変容を感じているようです。

　私もこの結果に同感です。中学１年生の最初の授業はあえて英語だけで行いますが，以前は「英語，わからない」とつぶやく生徒がいました。しかし，今はどの生徒も英語で授業を行うことを当たり前として受け入れています。指示や説明などの基本的な英語やwhenやwhatなどを使った質問もほとんど理解

でき，また，積極的に英語を使おうとします。

　こうした状況の中，中学1年生の現在の指導について気になることがあります。小学校で教えられた英語表現が中学校の教科書になかなか登場しないのです。例えば，whenやwhat timeなどを使った疑問文，助動詞canは教科書の後半で登場します。せっかく小学校で慣れ親しんだ英語表現も使わなければ小・中学校の継続的な指導とはいえません。教科書では未習のものであっても，小学校で扱われた英語表現や語句は積極的に使用するべきです。聞かせることで慣らしていき，いざ教科書で扱うときに文法的な説明や練習及び読むことや書くことの活動を行えばよいのです。中学校の教員は生徒が小学校で学んでくることを調べ，より効果的・継続的な指導を心がけたいものです。

(2) 小学校の英語の教科化をうけての中学校での指導のポイント

　平成33（2021）年以降，小学校の英語の教科化をうけて，現在，中学1年生で行っている言語活動のいくつかは小学校で経験してくるはずです。例えば，小学校6年生の最後には次のようなスピーチを行うことが目標となっています。
　Hello, everyone. I'm Ito Taro. I want to play soccer in my junior high school. So I want to join a soccer club. I practice soccer hard. Thank you.
　こうした状況を踏まえ，中学1年生を指導する際の留意点を挙げてみます。
①**文法や語彙は必要に応じて導入する**
　文法を中心として教えるのではなく，言語活動に合わせて必要な文法や表現を教えていくという発想が求められます。例えば，自己紹介のスピーチを行わせるとしましょう。小学校における最後のスピーチ例を示しましたが，同じレベルのスピーチでは，「この程度のスピーチは小学校でやった」と中学校における授業への興味を失わせてしまうかもしれません。そこで，無理がない程度に新しい表現を教えます。例えば，興味のあることを言わせたいのであれば［be interested in ～］を，決意を言わせたいのであれば［I will ～］の形など生徒が使いそうな語句を導入してもよいでしょう。I am interested in manga.

I will study English hard. などは生徒が言いたいことなので，表現として教えれば進んで使おうとするはずです。

②言語活動の質を高める

　話すことや書くことの言語活動を設定する際，生徒にどの程度のことを表現させたいのか事前に考えます。その際，小学校ですでに行った言語活動を確認し，教員の想定する生徒のパフォーマンスの質を少し上げる必要があります。自己紹介のスピーチであれば，十分に時間をとって準備させれば，ほとんどの生徒が10文程度のまとまりのあるスピーチができると思われます。また，個々のスピーチの後に，聞き手が話し手にいろいろな疑問文を使って質問できるでしょう。このように，入学したての生徒であっても，コミュニカティブな言語活動を行うことができるのです。

③音声指導をしっかりと行う

　小学校では必ずしも英語の専門家が授業を行うわけではありません。したがって，生徒の発音に誤りがあったり，癖がついていたりすることも考えられます。音声指導は中学3年間を通じて行うものですが，中学1年生では集中的に行う必要があるでしょう。英語特有の音を正確に出せるか個々の生徒の発音を確認し，口の開け方，舌や唇の動きなど発音の仕方を確認しながら全体や個人に指導します。また，単語の強勢，文を読むときの強弱や音変化などにあまり意識が向いていないことが考えられます。正確かつ流暢に音読できるように，音読指導の時間を十分に取りましょう。

④英語が苦手な生徒への配慮を行う

　4年間英語にふれてくるということは，生徒間の英語力に差が生まれるということです。数学であれば九九が言えない生徒がいるように，アルファベットが正確に書けないレベルの生徒もいるはずです。一方，かなり上手に英語を話したり書けたりする生徒もいるでしょう。このことから，英語が苦手な生徒を支援しつつ，英語のできる生徒を満足させられる授業が求められます。「英語の授業がつまらない」という気持ちは英語が不得意な生徒だけではなく得意な生徒にも起こります。どの生徒にも達成感を持たせるためには，生徒によって

発問の難易度を変えたり，授業の中に基礎的なことと発展的なことの両方を取り入れたりする必要があります。また，言語活動に工夫を施しましょう。例えば，書くことの活動を行わせる際，英語が苦手な生徒はモデル文をまねれば書けるようにしておきます。また，例文の中に少し高度な英文を載せておくことで，得意な生徒には新しいことにふれられるようにしておきます。

(3) 新しい中学校学習指導要領に即した指導のポイント

　新しい中学校学習指導要領では，現在の4技能から5領域になります。各領域で特に求められていることについて，簡単に述べたいと思います。
　まず，「聞くこと」についてです。聞くという活動には目的があり，目的により聞き方が異なります。例えば，天気予報を聞くときは，知りたい地域の情報のみに集中するはずです。道順を教えてもらうときは，相手が述べるすべての情報に集中し，「銀行のところを右に曲がる」など重要なポイントを覚えようとするはずです。伝言を頼まれたときは，伝言する相手に何を述べるか考えながら情報を取捨選択しながら聞いているはずです。物語を聞くときは，細部を覚えようとするのではなく，話のあらましが頭に入る程度に聞くことが多いでしょう。授業で聞く力を伸ばすための練習を行う際，常に同じ方法ではなく，その目的や内容により聞き取りのタスクや活動方法を変えましょう。例えば，天気予報ではYou will go to Osaka tomorrow.と状況を説明したり，物語文ではTell each other the outline of the story.などと指示したりします。
　中学校学習指導要領に「授業を英語で行うことを基本とする」と明記されたことから，英語の使用量は多くなると思われます。授業で英語を聞く量が多くなれば，聞く力も自然と伸びるはずです。ただし，教師が話す英語や音声教材のスピードも大切なポイントです。極端にゆっくりではなく，ある程度自然な速度の英語を聞かせたいものです。普段から遅い速度にしか慣れていなければ，自然な速度に対処することは難しくなります。
　次に「読むこと」についてです。読むことも聞くことと同様に目的により読

み方が異なります。例えば，ポスターを読むときは，自分にとって必要な情報であるかを確認した上で読み進めるでしょう。取扱説明書であれば，求める情報が書いてあるところを探し，ていねいに読むはずです。単に楽しみながら読むこともあるでしょう。少なくとも，特定の情報を得るための読み方と概要や要点をつかむための読み方は違った読ませ方を指導したいものです。

　読む力が十分に身につかない指導として，よく見かけることを列挙します。これらにあてはまる場合には，指導方法の修正が必要です。

- 文法指導の時間が多いために教科書本文の指導時間が少なくなってしまう。このため，読むことに関連したいろいろな活動が入れられない。
- 文章を一気に読ませないで，細切れにして読ませることが多い。そのため，長い文章を読む力が育たない。
- 文章を読む前に新出語句の意味を教えてしまうため，初見の文章を読む際に知らない語句が出てくると上手に対処できない。
- 教科書本文に常にスラッシュなどの記号を書かせたり，文章を文法的な説明や和訳のための材料として教えたりしているので，読むスピードが遅い。
- いつも同じ読ませ方をしているため，異なるタイプの文章に対応できない。

　学習指導要領では，「理解力・判断力・表現力等」の育成が求められています。本文理解を深く行わせるためには，背景知識を入れたり，行間を読ませたり，登場人物の感情や思いを推測させたりなどの指導が必要です。生徒同士で意見を述べ合わせるのもよい方法です。また，読んだことをもとにして話したり書いたりする統合的活動を設定しましょう。例えば，スキットであれば教科書の対話文に自由に1～2文足して発表させたり，説明文であれば本文の一部分をもとにして自分の意見や感想をつけ加えさせたりします。本文を利用して発表することで，テキストを何度も読み直し，より深い理解につながります。

　続いて「話すこと」についてです。話すことはCEFRに準じて［発表］と［やり取り］の2つに分かれることになり，［発表］においても［やり取り］においても即興で行う言語活動が明記されました。

　即興でまとまりのある話をしたり会話を続けたりすることは，数回指導した

程度ではできるようになりません。帯活動などで継続的に指導していく必要があります。例えば，サイコロを振り，1から6の数字にあらかじめ話題を決めておき，即興で3文程度の発話を行わせたり，チャットを行わせたりします。

　準備を行った上で行わせる発表については，念入りに準備させたスピーチを年に1・2回行わせるよりも，10文程度の短いスピーチを学期に数回行わせる方が効果があがります。「将来の夢」や「夏休みの思い出」などの定番のスピーチもありますが，「読むこと」のところで述べたとおり，教科書本文を使ったスピーチをぜひ行わせてください。教科書本文の一部を引用させ，それに自分の考えや感想，経験などを加えたスピーチを行わせます。

　最後に「書くこと」についてです。書くことでは，まとまりのある文章を書くこと，及び社会的な話題に関して聞いたり読んだりしたことについて自分の感想や意見などを書くことが求められています。日頃の指導で，単文ばかりを書かせていてはまとまりのある文章を書けるようにはなりません。文と文のつながりをもたせて複数の文を書かせるようにしましょう。また，教科書本文を読んだ後に，感想や意見を述べる活動を継続的に行うことも大切です。

　小学校における英語の教科化をうけて，言語活動の質を高め，表現力を身につけさせることが中学校の指導で一番行わなければならないことだと私は考えます。文法のドリル活動や教科書本文の和訳や音読で終えないで，題材について深く考えさせ，自分の考えや意見を英語で述べ合う授業を行いたいものです。また，即興で伝え合うこと，まとまりよく言ったり書いたりすること，目的により読み方を変えたり語数の多い文章を一気に読み切らせることも必要です。

　小学校の指導をうけて，または小・中の7年間をかけて，どんな生徒を育てたいのか，どのような力を身につけさせたいのか，目標を立てなければなりません。そして，それらを実現させるための方法を考えなければなりません。平成33（2021）年を待つのではなく，すぐにでも取りかかり，できることから授業に取り入れましょう。

　　　　　　　　　　　　　　　　　　　　　　　　　　　（本多敏幸）

5 効果的な小中学校の接続と連携の在り方を探って

　外国語教育に係る小中連携は，平成10（1998）年の学習指導要領改訂で新設された「総合的な学習の時間」において，小学校でも外国語会話等の実施が可能となったことに端を発します。その後，平成20（2008）年改訂により小学校第5・6学年で外国語活動が必修となり，その必要性はさらに高まりました。そして，今回，一層の早期化と教科化が図られ，これを適切に実施するために，小中連携は欠かせない要件となりました。そこには，大事な視点が2つあります。「小中間の学びの接続によって学習効果を高めること」と「専門の指導者が不在・不足の小学校を中学校がサポートすること」です。その具体的ポイントについて考えてみましょう。

(1) 小中一貫カリキュラムの作成

　小学校第3学年から中学校第3学年まで，7年間のつながりのある「小中一貫カリキュラム」を作成することによって，小中学校の教員が指導観を共有し，見通しをもって児童・生徒を育てていくことができます。また，指導につながりがあると，児童・生徒も安心して学ぶことができます。

　「小中一貫カリキュラム」を作成する際には，まず学習指導要領で示された目標を小中学校の教員が理解し合うことから始めます。小学校中学年の外国語活動では，聞いたり話したりする言語活動を通して，コミュニケーションを図る「素地」となる資質・能力を育成します。また，高学年の外国語科では，聞くこと，読むこと，話すこと，書くことの言語活動を通して，コミュニケーションを図る「基礎」となる資質・能力を育成します。そして，中学校外国語科では，小学校の学習内容を繰り返し指導して定着を図るとともに，聞くこと，

読むこと，話すこと，書くことの言語活動を通して，コミュニケーションを図る資質・能力を育成します。つまり，小学校と中学校の7年間は，「コミュニケーションを図ること」を共通の目的としてつながっているといえます。「小中一貫カリキュラム」を作成する際には，まずその点を小中学校の教員がしっかりと認識する必要があります。

　次に，義務教育9年間でめざす子ども像を中学校区で共有し，それをうけて7年間を貫く外国語教育の目標を設定することが大切です。その際，小中合同授業研究会などで，中学校区の児童・生徒の実態把握や分析を十分に行うことは欠かすことができません。7年間の目標が明確になれば，見通しを持って系統的な指導を行うことができるはずです。

> （例）　◇中学校区でめざす子ども像
> 　　　　「自他を尊重しながら，主体的に学び合う児童・生徒」
> 　　　◇小中一貫外国語教育の目標
> 　　　　「相手意識を持って，自分の思いや考えを生き生きと伝え合う児童・生徒の育成」

　「小中一貫カリキュラム」を作成する際には，小学校で取り組んだ言語活動や取り扱った言語材料などが，中学校の年間指導計画上のどこにつながっているか，小中学校の指導内容の関連がわかるようなカリキュラムを工夫することが大切です。

(2) 指導内容の接続

① 「聞くこと」

　小学校中学年では，身近な人や身のまわりの物などに関して，ゆっくりはっきりと話された際に，その意味がわかる程度まで，簡単な語句や基本的な表現に慣れ親しめるようにします。高学年では，日常生活に関する身近で簡単な事柄について，具体的な情報を聞き取ったり，短い話の概要をとらえたりするこ

とができるようにします。中学校では，はっきりと話されれば，日常的な話題について，必要な情報を聞き取ったり，話の概要をとらえたりすることができるようにします。また，社会的な話題についても，短い説明の要点をとらえることができるようにします。

　中学校の外国語科教員は，小学校でどのような語句や表現が取り扱われ，生徒がどの程度聞いて理解することができるかを，中学校の学習に入る前に把握した上で，「聞くこと」の言語活動を計画していくことが大切です。そうすることによって，生徒は小学校で学んだことを思い出しながら，無理なく中学校の学習を始めることができます。

② 「読むこと」

　小学校高学年で，活字体で書かれた文字を識別して発音したり，掲示やパンフレットなどから，自分が必要とする情報を得たりする活動を行います。中学校では，小学校で取り組んだ「読むこと」の言語活動を土台として，広告やパンフレット・予定表・手紙・電子メール・短い文章などから，自分が必要とする情報を読み取ったり，概要や要点をとらえたりすることができるようにします。中学校では，小学校でどのような語句や表現を識別できるようになっているかを把握した上で，生徒が文字に抵抗感をもつことがないように，無理なく読む言語活動を取り入れていきたいものです。

③ 「話すこと［やり取り］」

　小学校の４年間で，簡単な語句や基本的な表現を用いて，自分の考えや気持ちなどを伝え合うことができるようにします。中学校では，メモを活用しながら伝え合ったり，聞いたり読んだりしたことについて，簡単な語句や文を用いて述べ合うことができるようにします。中学校では，小学校でどのようなやり取りが行われたかを把握した上で，やり取りをする情報の量を増やしたり即興性を求めたりして，会話を続けられるように指導していくことが大切です。

④ 「話すこと［発表］」

　小学校中学年では，人前で実物やイラスト，写真などを見せながら話す活動を行います。高学年では，中学年の学習を発展させ，自分の趣味や得意なこと

などを含めた自己紹介をしたり，身近で簡単な事柄について，自分の考えや気持ちなどを話したりすることができるようにします。中学校では，日常的な話題についてまとまりのある内容を話したり，社会的な話題について考えたことや感じたことを話したりすることができるようにします。小学校では，絵や写真などを見せながら，相手に配慮して発表する学習を重ねてきています。その学習を踏まえて，中学校では，事実や自分の考えなどを整理したり，聞いたり読んだりしたことを要約したりすることによって，より聞き手を意識して発表することができるようにします。話題についても，日常的なことから社会的なことに広げていきます。

　小学校と中学校でどのような話題について，またどのような方法で発表を行っていくのか，「小中一貫カリキュラム」に記載しておくと，7年間の発表の活動につながりが生まれます。

⑤ 「書くこと」

　小学校高学年で，アルファベットの大文字・小文字を活字体で書いたり，識別したり，音声で慣れ親しんだ簡単な語句や基本的な表現を書き写したりすることができるようにします。中学校では入学前に，「書くこと」がどの程度定着しているかを把握した上で，生徒に無理なく書く学習を取り入れていくことが大切です。小学校で定着したアルファベットを中学校でバランスよくていねいに書く練習をしたり，小学校で書き写した英文を活用して中学校でまとまった英文を書いたりするなど，小学校と中学校の学習につながりができます。

　中学校では，手紙や電子メールで自分の近況などを伝える言語活動も取り入れ，読み手や目的などをより一層意識して書く学習を行います。小学校で書き写すことに慣れ親しむことによって，中学校で書くことへの負担感が軽減され，これまで以上にまとまりのある文章を書けるようになることが期待されます。

(3) 教材や指導法の接続

　我が国における小学校外国語教育の本格実施に向けて，指導体制が十分でな

いことは否めません。今後，教員養成・研修等の条件整備が加速度的に進められるものと思われます。一方，こうした現状を踏まえ，デジタル教科書やICT教材など，活用しやすく，質の高い教材の開発に大きな期待が寄せられています。

　教科化となると，当然のことながら教科書を使用することになります。小学校教員には，既存の教科と同様に，教科書教材の意味理解とそれを効果的に活用する指導法の工夫が求められます。その際，しっかりと踏まえておきたいのが中学校の教材や指導法との接続です。小学校での学習が中学校でどのように深化・発展していくのか，十分に理解した上で指導に当たる必要があるからです。他の教科には長年の積み上げがあり，教員自身にもかつて学習者としての経験があります。それでも中１ギャップ等への配慮が必要なのですから，これから始まる外国語科ではなおさら重要なポイントとなります。また，指導の効果に直接影響するという観点からすると，むしろ中学校教員にとっての重点課題ともいえるでしょう。

　小学校教員は中学校の，中学校教員は小学校の学習指導要領及び各使用教科書の内容等について相互理解を深めたいものです。言語活動及び言語材料，言語の使用場面や言語の働きなど，コミュニケーション能力の育成に資する系統性はもちろんのこと，取り上げる題材についても，多様なものの見方・考え方や外国及び我が国の生活や文化について理解し，広い視野で国際理解を深めるなどの観点から，小中間の関連性を明確にし，それぞれの指導に生かすことが大切です。

(4) 教員の連携・協力のポイント

　小中学校間での教員の連携・協力は，小学校への外国語活動の導入後，既に多くの地域や学校で進められています。以下は，主な取り組みの例です。
①小学校から中学校への情報提供
- 年間指導計画や使用した教材など

- コミュニケーション活動への関心・意欲に関する全体的傾向や個別の実態など
- 児童が慣れ親しんでいる単語や表現，好きな言語活動やゲーム，英語の歌など

②授業実践に係る小中連携
- 小中学校教員相互の授業参観，授業に関する意見交換
- 小中学校教員のティーム・ティーチングによる授業
- 中学校教員による小学校での単独授業（小中兼務）
- 外国語指導助手や地域人材（ネイティブ・スピーカー等）の共同活用
- 小学校で使用した教材の中学校の授業における活用

　今後，これらの取り組みが，各学校・地域の実態や必要性に応じて一層広がり，充実していくことが望まれるわけですが，小学校での教科化をうけて，さらに次のような連携・協力が必要と考えます。その際，中学校教員には，教科の専門性を発揮して校区内の小学校を積極的にサポートしようとする姿勢が望まれます。

③中学校から小学校への情報提供
- 中学校各学年のCAN-DOリスト，中学校卒業時の到達目標やめざす姿等
- 当該小学校卒業児童の中学校における学習状況及び指導上の課題等
- 卒業児童の課題等を踏まえて当該小学校における学習に期待したいこと

　これまでは，小学校第5・6学年の外国語活動でコミュニケーション能力の「素地」を養い，後は中学校に託すという目標設定でしたが，これからは，第3・4学年の外国語活動で「素地」を養い，第5・6学年の外国語科で「基礎」を育成することになりました。ただし，これは中学校の学習内容の単なる前倒しということではありません。新学習指導要領では，中学校第1学年において，小学校第3～6学年における語，句，基本的な表現などの学習内容を繰り返し指導し，定着を図ることが求められています。つまり，小中間の連携・協力によってコミュニケーション能力の「基礎」の確かな定着・向上をめざすことになります。

そのため，小学校教員は，卒業児童の中学校における学習状況や課題，中学校教員が各学年，特に第1学年で確実に身につけさせたいと考えている力などを知っておく必要があります。そして，小中学校の教員が，義務教育の最終目標を共有し，協働して地域の子どもたちの成長に努めたいものです。

④適切な学習評価のための小中連携
- 小学校における評価計画及び評価規準の作成等に係る中学校教員の協力
- パフォーマンステスト等の共同実践
- 小中一貫したCAN-DOリストの作成

小学校高学年の外国語科の学習評価は，観点別学習状況の評価及びそれを総括する評定とともに，目標に準拠した評価，他教科と同様に3段階の数値による評価で行うことになります。正式な教科となるのですから当然のことではありますが，外国語活動の文章表記による評価と比べると，評価の妥当性や信頼性が一層求められます。そのため，小学校における適切な学習評価のための準備や体制が整うまでは，専門性と経験を有する中学校教員のサポートが必要と思われます。

また，評価の方法として，外国語科ではペーパーテストやパフォーマンステストを実施することになります。特に，「話すこと（［やり取り］及び［発表］）」に係る児童のパフォーマンスを適切に評価するには，専門性が欠かせません。中学校教員や外国語指導助手に共同評価者として協力してもらうことが考えられます。さらに，そうした共同実践を通して，小中学校各学年において「外国語を使って何ができるようになるか」を協力して検討・整理し，小中一貫のCAN-DOリストとしてまとめることも，小中連携のポイントです。

(5) 児童生徒の交流学習の必要性

地域や学校によっては，外国語科に限らず，進学を前に小学校の児童が中学校の授業を参観したり，一部参加したりして，進学後の学習や生活に対する不安を軽減する取り組みが行われています。このこと自体意義のあることですが，

外国語科においては，新学習指導要領の次の内容を踏まえ，学習効果を高める観点から，児童生徒の交流学習をさらに積極的かつ計画的に進めたいものです。
- 互いの考えや気持ちを伝え合うなどの活動においては，具体的な目的，場面や状況に合った適切な表現を自ら考えて言語活動ができるようにすること。
- 他者を尊重し，聞き手・読み手・話し手・書き手に配慮しながら，外国語でコミュニケーションを図ろうとする態度を育成すること。

これらは，外国語科で育てたい資質・能力の中でも大事な要素となるものです。児童生徒の交流学習は，そのための言語活動の可能性を広げる方策として，さらには，豊かな人間性を育む上でも，とても有効な手段であると考えます。

(6) 終わりに

以上述べたように，小中連携は，小学校での教科化をはじめとする，この度の外国語教育改革への適切な対応，その成否にも関わる重要な役割を担っています。

小中間での学校文化の違いや，打合せの時間が設定しにくいといったさまざまな壁や課題を克服し，「地域の子どもは，地域で育てる」という考え方に立った，創意工夫ある取り組みが，各学校・地域で展開されることが期待されます。

（森　浩司・関口和弘）

6 これからの指導者に必要な指導力・英語力

　新学習指導要領の全面実施をうけて，平成32（2020）年度から小学校第3・4学年では「外国語活動」が，第5・6学年では教科「外国語（英語）」の授業が，それぞれ本格的に始まります。今後は小学校英語教育の早期化・教科化に対応可能な指導力・英語力を兼ね備えた指導者が，より一層求められます。本節では，まず小学校で英語教育を担う人材育成について，大学教員養成課程の状況にふれながら概観します。その上で，小学校で英語教育を担当する指導者にとって必要な指導力・英語力とは何かを考えていきましょう。

(1) 小学校英語教育を担う人材育成──小学校教員養成課程の現状

　現在，大学の小学校教員養成課程（以下教員養成課程）では，英語を教えるための教育が十分に行われているとはいいがたい状況です。平成12(2000)年度以降「総合的な学習の時間」の中で国際理解教育の一環として外国語会話等が実施可能になり，平成23(2011)年度以降「外国語活動」が第5・6学年で必修化された一方で，元来履修科目が多い教員養成課程では，英語教育関連の科目にまで手厚い指導が行き届かない現実がありました。このような状況を変える必要性は以前から指摘されてきましたが，「外国語活動」必修化後も状況が十分に改善されたとはいえません（松川，2001；白畑，2008；卯城，2014；金森，2014参照）。

　一方，すでに大学を卒業して教壇に立っている小学校教員は，英語を指導することに対してどのような意識を持ってきたのでしょうか。Benesse教育研究開発センター(2010)によると，現職教員のうち英語指導に自信がある教員は31.7％にとどまり，小学校英語教育が抱える課題として「指導する教員の英語力」が第3位にあげられました。東京都教育委員会（2012）が示した調査結果

では,「外国語活動の実施における課題」の第2位が「教員の英語力」であり,この課題を反映するかのように「外国語活動に関わる校内研修の内容」の第2位に,「英語力の向上」があげられています。また,文部科学省(2015)によると,学級担任の67.3％が「英語が苦手である」と回答しています。大学時代に英語を指導するための教育を十分に受ける機会がなかった小学校教員の多くが,英語を教えることに対して不安感を抱いてきたのです。

　このような状況をうけて,近年,教員養成課程でどのように英語指導者を養成するべきか議論される機会が増加しました。平成28・29(2016・2017)年度には,文部科学省委託事業「英語教員の英語力・指導力強化のための調査研究事業」が進められ,教職課程及び教員研修における効果的なモデル・プログラム(いわゆるコア・カリキュラム)が提案されました。この「外国語(英語)コア・カリキュラム」では,「授業設計と指導技術の基本を身に付ける」ことと,「小学校において外国語活動・外国語の授業ができる国際的な基準であるCEFR　B1レベルの英語力を身に付ける」ことを目標にしています。このカリキュラムが示した「英語力」は英検2級(高等学校卒業程度)と同程度のレベルです。東京学芸大学(2017)は,教員養成段階で「目標とする英語力の具体的な指標を示すことについては賛否両論ある」ことに理解を示しながらも,「目標とする英語力の指標を示すことは有意義であると考えられる」と結論づけています。

　今後は,コア・カリキュラムの提案をうけ,各大学が教員養成課程のカリキュラムを見直し,小学校英語教育を担う人材を着実に育成していくことが求められていきます。

(2) 小学校で英語を教えるための指導力・英語力とはどのような能力か
　　――理論から得られる示唆

　本項では,これまでの議論を踏まえて,小学校英語指導者に必要な指導力・英語力とはどのような能力なのか,関連する理論を紹介しながら論じます。

①コミュニケーション能力について
　新学習指導要領では,「外国語活動」と「外国語(英語)」のいずれの項でも,

コミュニケーションがキーワードの1つになっています。コミュニケーション能力に関しては、これまでにさまざまな研究者が定義を試みてきました（Hymes, 1972；Canale & Swain, 1980；Canale, 1983；Savignon, 2001等）。代表的な例をあげると、コミュニケーション能力は、文法能力（文や文章を作り出す力）・談話能力（文や発話を結束させて一貫性のある内容を構成する力）・方略的能力（語彙力の不足等を補ってコミュニケーションを続ける力）・社会言語的能力（言語をその場に合わせて適切に使用する力）から構成されます（Canale & Swain, 1980；Canale, 1983参照）。

学習者のコミュニケーション能力が向上していくにつれて、これら4つの能力をバランスよく育成する必要がありますが、松川・大城（2008）は、小学校段階では特に方略的能力を育む意義を指摘しています。

②場面（状況）設定について

現在、世界的に英語が用いられていることは周知の事実でしょう。Widdowson（2003）は、このような国際語としての英語の広がりを背景にして、教室で教える英語は、各国・各地域・各教室の状況（context）に根ざすべきだと主張しています。

例えば、オーセンティックな（authentic）教材を持ち込んで授業を組み立てたとしても、子どもたちが英語を使ってみたいと思えなければ充実した授業は望めません。子どもたちの実情に応じて意味ある場面を設定できる力も、英語指導者には必要です。

③母語（日本語）について

Cummins（1984）は、母語と第二言語に共通な基盤を用いて、第二言語を学ぶ必要性を説きました。彼の主張は、日本国内の研究者にも大きな影響を与えてきました（内田, 2005；山田, 2006；大津, 2011等）。例えば山田（2006）は、母語によって培われた言語感覚を積極的に活用しながら、英語の語彙・文法等の基礎的な力を育て、英語の運用能力を高めていくことが英語力を身につける上で必要だと述べています。また、大津（2011）は外国語（英語）を学ぶことを通して、「母語を相対化」し「ことばへの気づき」を深めていくことの大切さを強

調しています。

　本項では，小学校英語指導者に必要な指導力・英語力について検討する上で関連する理論を紹介しました。これらの理論には，次項で改めて言及します。

(3) 小学校英語指導者に求められる指導力・英語力
　　　——英語の基本＋欠かせないαの力

　近年，小学校英語指導者にとって必要な指導力・英語力について，さまざまな解釈が示されています（柴田, 2011；藤田, 2011；加賀田, 2013；東京学芸大学, 2017等）。本項では，これらを踏まえながら指導力・英語力の意味を具体的に考えます。

①児童に身近な題材を英語で表現する能力

　加賀田（2013）は，「外国語活動」指導者に必要な「英語運用能力」を，「知識・理解レベルでは少なくとも高校卒業程度の英語を身につけており，運用レベルでは少なくとも中学卒業程度の英語をある程度使いこなすことができる」と説明しています。「高校卒業程度の英語」を指標とする点は，すでに紹介したコア・カリキュラムと共通しています。

　「高校卒業程度の英語」の目安として，試みに英検2級で頻繁に出題される名詞をあげてみます。例えば旺文社（2012）は，「常にでる基本単語」の名詞として，"customer", "electricity", "fact", "environment", "amount", "room", "theory", "research"をまず示しています。またジャパンタイムズ＆ロゴポート（2015）は，"amount", "research", "environment", "experience", "presentation", "evidence", "solution", "condition", "electricity", "item", "clothes"を最も重要度の高い50単語の中に入れています。一方，*Hi, friends! 1*のLesson 7には，児童の身のまわりの物を扱う単元がありますが，ここで扱われる"triangle", "recorder", "beaker", "eraser", "globe"等は英検2級必須単語として数えられていません（旺文社, 2012；ジャパンタイムズ＆ロゴポート, 2015参照）。これらの例が示唆することは，英検2級レベルの単語を知っていたとしても，児童の身近にある物の英単語を知っているとは限らないという点です。

　小学校で英語を教えるためには，まずは高校までに学んだ英語の基本を理解

しておく必要があります。その上で，児童の実態に応じて，児童が知りたい・言ってみたいと感じるような題材を英語で表現できる能力が求められるのです。

②平易な英語を用いてコミュニケーションを前に進める能力

　指導者には，子どもたちが理解できる平易な英語を使いこなす力も必要です。例えば授業の冒頭でsmall talkをする場合や，活動の際に指示を出したり質問をしたりする場面を想定します。子どもたちが教師の英語を十分に理解するためには，1つのことを別の易しい表現で言い換える力が求められます。加えて，ことばによる表現を補完する必要がある際は，身振り手振りを使って意思疎通を図ることができる能力も必要です。そして，このような教師の姿は，相手とコミュニケーションをとるためにはさまざまな方法があることを示すことにもつながります。

　平易な英語を使いながらコミュニケーションを前に進める力は，前項(2)①で言及した子どもたちの方略的能力を養う上でもよいモデルになります。

③意味ある場面（状況）を設定する能力

　EFL（English as a foreign language）環境にある日本で英語を教える上で，教室が疑似コミュニケーションの場であることは避けられません。だからこそ，(2)②で指摘したように，意味ある場面を設定する力が教師には必要です。例えば授業で，様子・感情に関する表現を扱うとします。朝からずっと顔を突き合わせてきた友だちを相手にして，今さら"How are you?", "I'm happy."と言い合っても，本来どのような状況でこれらの表現が用いられるのか，子どもたちには実感しにくいことがあります。一方，例えば物語を教材にして上のやり取りを行えば，どのような状況下でどのような表現が用いられるのか，子どもたちには実感がわきやすくなります。「桃太郎」を例にとると，桃太郎が鬼の悪行をまのあたりにした場面では"angry"，鬼に勝利した場面では"happy"と，それぞれの場面を踏まえて感情を表す語を学ぶことができます。物語は，緊密に積み重ねられた文脈に支えられているからこそ，たとえその一部分を取り出したとしても意味ある文脈が失われないのです。

　このように意味あるコミュニケーションの場面を設定する力も，小学校で英

語を指導する上では大切です。

④母語（日本語）の知見を生かす能力

　新学習指導要領は，日本語と英語の音声面や語順の違い等に留意しながら，英語を指導する必要性を説いています（文部科学省，2017b）。小学校の担任は，国語もクラスの子どもたちに教えています。その利点を十分に生かして，国語教育と英語教育の指導内容・指導方法等を連携できる能力も大切です。

　(2)③でもふれたように，外国語（英語）を学ぶことを通して，母語を相対化し，ことばへの気づきを深めていく機会が生まれます。母語の習得過程で培われたことばの感覚を英語教育に活かすことで，より広い観点からことばの教育を行う可能性が広がるのです。

(4) 終わりに

　本節では，小学校英語教育指導者にとって必要な指導力・英語力とは何かを考えてきました。教師が持つ指導力・英語力は一体化しており，その境界をはっきりと区別することは困難です。英語の基本に加えて，児童に身近な題材を英語で表現する力・平易な英語を用いてコミュニケーションを前に進める力・意味ある場面を設定する力・母語の知見を生かす力の必要性を指摘しました。これらに加えて英語指導者として大切な点は，常に真摯な姿勢で英語を学び続けることであると，最後に強調したいと思います。　　　　　（髙橋和子）

＊本節は科学研究費助成による研究（課題番号15K12920，研究課題名：「小学校英語教育のための大学英語教材開発」，研究代表者：髙橋和子，共同研究者：佐藤玲子・伊藤摂子）の一部を踏まえている。

考えてみよう・やってみよう（第1章　課題）

❶これからの外国語教育（pp.2-7）
- 外国語教育に関わる改訂の背景・経緯をまとめよう。
- 今後，日本の英語教育にどのような変化が生まれるか，考えてみよう。

❷英語教育を通したコミュニケーション能力の育成（pp.8-13）
- コミュニケーションの基礎的能力をまとめよう。
- コミュニケーションの基礎的能力育成を視野に入れた英語教育と，英語を習得するための英語教育の違いについて考えよう。

❸小学校外国語教育はどう変わるか（pp.14-19）
- 新学習指導要領における「外国語活動」と「外国語」の目標を比べよう。
- 指導者が押さえておくべきことをまとめよう。

❹中学校の英語教育はどう変わるか（pp.20-25）
- これまでの新入生と異なる点を知識・技能等についてまとめよう。
- 新学習指導要領に応じて中学校の英語指導でポイントとなる点について考えよう。

❺効果的な小中学校の接続と連携の在り方を探って（pp.26-33）
- 外国語教育における小中学校の学びの接続と連携の意義や具体的ポイントをまとめよう。
- 「聞くこと」「読むこと」「話すこと（［やり取り］及び［発表］）」「書くこと」の領域ごとに，小中間での学びの違いとつながりを整理しよう。

❻これからの指導者に必要な指導力・英語力（pp.34-39）
- 指導力・英語力とは何か，小学校で英語を教える場合と，中学校で英語を教える場合を比較しながらまとめよう。
- 小学校英語教育に必要な指導力・英語力を高めるために，あなたはどのような努力をするべきだと思いますか。具体例をあげながら答えよう。

第 2 章

主体的な学びをめざす授業作り

1 子どもが主体的に学ぶ授業作りと指導の在り方

(1) 21世紀の学力育成の鍵とは

　科学や情報技術の急速な発達及びグローバル化の影響のもと，氾濫するさまざまな情報や技術革新に，柔軟に，かつ，適切に対応できる能力育成が求められています。情報を的確に把握し，分析・分類したり統合したりすることを通して，実際の課題解決に利用できる能力が必要となっているからです。

　アメリカにある The Center for Curriculum Redesign（以下CCR）は，21世紀に育てるべき重要な学力の要素を knowledge, skills, character, meta-learning とし，育成されるべき Skills: 4つのC（creativity, critical thinking, communication, collaboration）をあげています。そして，これら4つのCの育成においては，知識を活用する学びの体験を通して進めるべきであると強調しています（Center for Curriculum Redesign, 2015）。

　CCRのこの教育概念は文部科学省教育課程企画特別部会において，新しい学習指導要領作成のための会議補足資料として紹介されており，日本の教育政策におけるカリキュラム・デザインの基本概念として考えられていることがうかがえます。実際，新しい学習指導要領で掲げられている評価の3観点：①知識・技能，②思考・判断・表現，③主体的に学習に取り組む態度においては，①では知識と技能が1つの観点にまとめられており，知識を単に記憶する対象として終わらせず，知識とスキルを有機的に結びつける指導の必要性を明示しています。ここにCCRが提唱する教育観が反映されているといえるでしょう。

　主体的・対話的な学びこそが望ましく，21世紀の学力育成の重要な鍵となるといえそうです。このことは，新しい学習指導要領の特徴にもなっています。

(2) 深い学びに必要な体験と振り返り

　Deweyは，考える力を身につけるための教育の実践には学習者自身に課題を克服する体験を持たせることが必要であり，その体験を通すことでしか深い学びが起こらないとしています。知識を実際の具体的な場面で利用することでこそ，その意義を明確に理解することができるとするものです。このlearning by doingという考えは，学習者が実際に地域・社会で起こっている問題を解決するために既習の知識や身につけた技能を利用することで，学びを深め，また，さらなる学びや知識の獲得への強いモチベーションにもなるというproblem based learning（以下PBL）やサービス・ラーニングにつながっています。

　PBLを効果的に進める上で重要となるのは，reflection（振り返り）であるといわれています。体験するだけで終わるのではなく，行動することを通して気づいたこと，理解したこと，自身の変容や周囲の変化も含めたlearning outcomesに気づくための活動が重要であり，そのための機会を意図的に組むことはもちろん，「振り返り」が効果的に行われるための手立てが必要となります。振り返りを通して，学習者は学んでいる知識と現実社会との関係を明らかにすることができ，カリキュラムを通して身につける知識や技能の意義を理解するとともに，身につけた知識や技能をどのように活用するかを考えることにもつながるのです。PBLの効果的な振り返りの視点としては，以下の6つが考えられます。

①課題に関連して，現在の自分の考え方や認識を知る
- 自身にとって大切なことは何か。
- どのようにして今の自分の価値観・考え方が作られてきたのか。

②観察と記述
- 実際に何が起こっているかを知る。
- 起こっていることをそのまま記述する。

③感想
- 体験したことをどのように思い，感じたか。

④解釈
- ①との比較から、ものの見方・考え方、価値観がどのように変化したか。
- 変化が生まれた要因は何か。

⑤課題と自身の現在・未来との関係
- 課題解決のために自分自身にできることは何か。
- 未来や将来のためになすべきこと、できそうなことはないか。

⑥問題を生み出す要因を探る
- 考えられる解決策は何か。
- 変化を起こすために何が必要か。
- どのような組織、団体であれば改善を起こせるか。

すべての学習において意図的な振り返り活動の工夫が必要であり、知識を活用する体験的な学びと振り返り活動を有機的につなげる学習によってこそ、主体的・対話的学びを生み出す指導となすことができるようになるといえます。言語学習における「振り返り」はどのように進めるべきなのでしょうか。

(3) 欧州における言語政策

　新しい学習指導要領は「社会に開かれた教育課程」がその特徴とされていますが、欧州委員会では、欧州の経済的、文化的発展のために多様性を保持したまま平和な欧州社会を維持していくことを重視し、その実現に寄与するよき欧州市民として備えるべき共通する価値観を育む教育が重要であると考えられています。その実現のために、生涯を通して多様な言語を学び、また、自律的に学び続けることができる環境の整備と、自律的な学習者としての個人の意識・姿勢を育成する複言語・複文化主義に応じた言語政策に取り組んでいるわけです。まさに、社会に開かれたカリキュラム作りが意識されているといえるでしょう。

　複言語・複文化主義の言語教育政策においては、Action-oriented Approachが取られており、少なくとも母語以外の2つの言語を身につけることが求められています。指導にあたっては、CAN-DOリストで示された言語能力記述文を用いながら、学習者自身が振り返りを通してコミュニケーションにおいて

「何ができるようになるか」を意識しながら，言語に関する知識だけではなく実際にコミュニケーションをとることのできる基礎的な運用力を身につけることが期待されています。ただし，母語話者レベルの高い言語運用語能力が求められるわけではなく，コミュニケーションにおいて機能する範囲の運用能力の獲得がめざされていることがポイントです。

　指導においては，内容言語統合型学習(Content and Language Integrated Learning, 以下CLIL) による指導の重要性と意義が説かれており，スイスのバーゼル市では，Functional Plurilingualism（機能的複言語主義）の名のもとに，必要となるカリキュラムや教材開発，教員の研修を含めた言語教育政策：Passepartout（合鍵）が進められています。このPassepartoutは，小学校で英語ともう１つの母語以外の言語を学び，中学校で第３番目の言語を学ぶシステムになっており，言語能力と一般的能力の両方の育成をめざす教育が実施されています。内容理解と認知力，さらに言語能力を高める教育としてCLILによる指導が採用されているわけです。その背景としてあるのは，移民の子どもたちに対する教育の充実と保障です。

　実地調査として訪問したバーゼル市の小学校では，１クラス25人に10数名の異なる文化・言語的バックグラウンドを持つ児童が存在しました。授業では，それぞれの児童の母語/第一言語ではなく，第二言語，あるいは第三言語となるドイツ語が教育言語として使用されています。CLILによる指導を通して言語を学ぶだけではなく，身につけておかなければならないさまざまな教科や日常生活に関する基本的知識や技能も獲得していくことが求められます。

　また，言語と文化に対する気づきを大切にするELBE/EOLE教育が重視されており，「開かれた心」を育む言語教育が実践されています。「出会いの授業」と呼ばれる授業においては，目標言語を母語とする同年代の学習者と共に過ごす直接交流の時間を持ったり，ホームステイプログラムによって目標言語を母語とする家庭で１日過ごしたりする文化体験プログラムも準備されています。

　さらに，授業以外の時間などを使った継承言語（heritage language）の授業においてもCLILによる指導が行われており，母語や家族の言語・文化を保持す

ることに加えて、学習者の母語での認知能力を育てる権利が守られているといえます。学習者が特定の地域社会で生きていくために必要となる基本的な能力育成を担保する教育として、また、個人の人権や多様性のある社会を守り維持するための教育としてCLILによる指導が採用されていることになります。

(4) 各教科において求められる言語技術

バーゼル市では言語に関係なく教育課程すべてにおいて必要となる言語力の育成が重視されており、学年が進むにつれてどのような言語技術を身につけなければならないかを、Sprachprofile（言語プロファイル）に言語能力の記述文として示しています。日本でも、教育課程全体を通して育む言語力が検討されるようになってきていますが、十分に確立しているわけではありません。言語プロファイルは、日本の言語教育においても必要となってくるはずです。以下は、バーゼル市の言語プロファイルに記されている記述文の抜粋です。

- 討論の中で自分の意見を言い、人の発言に対応する。
- いろいろなテキスト作成のための計画・推敲の方略を知り、活用する。
- いろいろなテーマについて自分の意見を述べ、論拠づける。
- 討論の中で自分の意見を適切に持ち出す（相手の発言に反論し、その根拠を言うなど）。
- 話し合いの規則を守り、逸脱があった場合、それを守るように促す。
- 発表の終わりに要点を短く簡潔にまとめる。
- プロジェクト成果の重要部分がわかるように説明したり発表したりする。
- テーマについて、自分の立場を表明し、自分の考えの違いを明らかにする根拠づけをしながら話す。
- ディベートの準備の方法を学び実施する。
- 複合的な思考、例えば数学の「解」について説明する。

言語知識・技能はすべての教育課程を通して育まれることが望まれるものです。当然、母語教育だけではなく、外国語教育や他の教科教育においてもなされるべきことです。今後は、日本に住む外国にバックグラウンドを持つ人たちの数の増加も考えられます。日本社会にスムーズに適応するための言語教育プログラムを準備することも必要となるはずです。その際、知識・内容理解と言

語技能育成を統合した言語指導は効果的であり，特にあまり研究が進んでいない，子どもたちに対する日本語教育において，CLILによる指導が重要となると予測されます。そのためのカリキュラム開発，教材開発，指導方法等のさらなる研究が必要となるはずです。

(5) 気づきを大切にする主体的な学びの重要性とその条件

「英語の授業はリズムよくテンポよく」進めるのが優れた授業であると考えられてきました。教師の発話に応じて学習者が即座に大きな声で反応する授業が見栄えのよい授業として評価されてきましたが，これからは，児童・生徒に考える時間が与えられない授業は，あまり高い評価は得られなくなるはずです。主体的な学びにするための工夫がなされなければ，覚えたことを言うだけの力しか育てることができないからです。音声言語によるやり取りであれば，「聞く」→「聴く」→「訊く」の広がりが生まれる指導でなければ思考の深まりは期待できません。聞く前に教師からどのような課題や発問がなされるかが重要であり，学習者にスキーマ(背景知識)を与え，必要な情報を聴き取る活動につなげ，そこから考えた/感じたことを発信させる流れを作ることが大切になります。

たとえ英語で授業を進めたとしても，言語・文化に対する「気づき」を生み出さない機械的な繰り返し活動ばかりの授業になってしまっては，本来のねらいが達成されたことにはなりません。教師の発問と振り返りを効果的に用いた主体的・対話的な深い学びが生まれる英語授業をめざすとき，教師の果たす役割は大変大きいといえます。

コミュニケーションや言語として，また音声指導や文字指導において，教え込みではなく，児童が自ら考えたり調べたりすることで気づいていく過程にこそ自律的な学習者の育成が可能となるのです。そのためにも，答えを急がせず「待つ」ことで「子どもから引き出す」教育をめざしたいものです。　　(金森　強)

＊本研究には，科学研究補助金基礎研究「グローカル時代の外国語教育―理念と現実/政策と教授法―」(研究代表者：吉島茂，JJSPS科研費22242015)，「多言語・多文化に開かれたリテラシー教育についての研究：日本の言語教育への提言」(研究代表：福田浩子，JSPS科研費23520661)及び「多言語・多文化に開かれたリテラシー教育についての研究：教員養成と初等教育を中心に」(研究代表：福田浩子，JSPS26370722)におけるスイスの現地調査の成果も含まれている。

2 高学年 外国語科 指導のポイント
――児童の実態に応じた指導実践を

　外国語活動が外国語科という教科になることで，目標，指導方法，内容はどのように変わるのでしょうか。今回の改訂のポイントを，小学校学習指導要領を参照しながら考えてみましょう。

(1) 小学校5・6年 外国語科の目標

　「小学校学習指導要領　第10節　外国語」には，その目標が以下のように記されてあります。

> 　外国語によるコミュニケーションにおける見方・考え方を働かせ，外国語による聞くこと，読むこと，話すこと，書くことの言語活動を通して，コミュニケーションを図る<u>基礎となる資質・能力</u>を次のとおり育成することを目指す。
> (1)　外国語の音声や文字，語彙，表現，文構造，言語の働きなどについて，日本語と外国語との違いに気付き，これらの知識を理解するとともに，読むこと，書くことに慣れ親しみ，聞くこと，読むこと，話すこと，書くことによる実際のコミュニケーションにおいて活用できる<u>基礎的な技能を身に付けるようにする。</u>
> (2)　コミュニケーションを行う目的や場面，状況などに応じて，身近で簡単な事柄について，聞いたり話したりするとともに，<u>音声で十分に慣れ親しんだ外国語の語彙や基本的な表現</u>を推測しながら読んだり，語順を意識しながら書いたりして，自分の考えや気持ちなどを伝え合うことができる基礎的な力を養う。
> (3)　外国語の背景にある文化に対する理解を深め，<u>他者に配慮しながら</u>，主体的に外国語を用いてコミュニケーションを図ろうとする態度を養う。
>
> 　　　　　　　　　　　　　　　　　　　　　　　　　　　　（下線は筆者）

　3・4年生の「外国語活動」では「素地」とされていた部分が「基礎的な技

能」に変えられています。授業時数が中学校の半分の年間70単位時間しかない小学校高学年で「基礎的な技能」がどこまで育つのかは怪しい部分はありますが，これまでの「外国語活動」とは内容的にも異なる指導が求められていることは確かです。改訂に伴い「読み・書き」の指導への注目が集まっているようですが，高学年においても，音声言語としての英語に慣れ親しむことの重要性に変わりはありません。中学年の外国語活動から広がる音声言語としての英語授業の充実こそが大切であり，高学年の発達段階と学習経験に応じた多様な教材と指導技術が必要になります。

　また，「他者に配慮しながら」とするコミュニケーションの視点は，聞いたことを繰り返して言ったり暗記したことを発話したりすることが中心であったこれまでの指導から大きな変化が期待されます。相手に応じて適切に対話をする能力の育成が重要視されていることになります。

(2) 英語の目標及び内容等

　「聞くこと」「読むこと」「話すこと［やり取り］」「話すこと［発表］」「書くこと」の5つの領域別に目標が設定され，以下に示す資質・能力の育成が求められています。ただし，限られた授業時数で5領域のすべての能力を育成することは簡単ではありません。各領域で育てるべき到達目標を正しく理解していないと，学習者の負担が増えるだけで終わってしまうので注意が必要です。

> (1) 聞くこと
> 　ア　ゆっくりはっきりと話されれば，自分のことや身近で簡単な事柄について，簡単な語句や基本的な表現を聞き取ることができるようにする。
> 　イ　ゆっくりはっきりと話されれば，日常生活に関する身近で簡単な事柄について，具体的な情報を聞き取ることができるようにする。
> 　ウ　ゆっくりはっきりと話されれば，日常生活に関する身近で簡単な事柄について，短い話の概要を捉えることができるようにする。

> (2) 読むこと
>   ア 活字体で書かれた文字を識別し，その読み方を発音することができるようにする。
>   イ 音声で十分に慣れ親しんだ簡単な語句や基本的な表現の意味が分かるようにする。

　読むことに関しては，中学年では読まれたアルファベットの文字を聞いてどの文字かわかる程度であったのが，高学年では発音できるところまで求められます。また，音声英語として慣れ親しんだ後に，語句や基本的な表現を見てその意味がわかる，つまり読めるようにすることも求められています。教科書で使用される語彙において，見て/聞いてわかる語彙（受容語彙）と文字を音声化できる語彙が同じとなるのかどうかについては，指導上大変重要なポイントですが，学習指導要領や学習指導要領解説だけからでは読み取ることができません。

> (3) 話すこと［やり取り］
>   ア 基本的な表現を用いて指示，依頼をしたり，それらに応じたりすることができるようにする。
>   イ 日常生活に関する身近で簡単な事柄について，自分の考えや気持ちなどを，簡単な語句や基本的な表現を用いて伝え合うことができるようにする。
>   ウ 自分や相手のこと及び身の回りの物に関する事柄について，簡単な語句や基本的な表現を用いて<u>その場で質問をしたり質問に答えたりして</u>，伝え合うことができるようにする。
> 　　　　　　　　　　　　　　　　　　　　　　　　　　　　　　（下線は筆者）

　前もって準備して覚えたことだけではなく，「その場で質問をしたり質問に答えたりして」伝え合う能力を育成するには，ていねいな指導と教材の工夫が必要です。情報を受信した後で，内容を処理し，思考・判断し，自らの考えや気持ちを発信する流れが生まれる言語活動を実施するには，ICT等を用いて，発話の助けとなる視覚教材等を使用しながら行うことが求められるでしょう。

> (4) 話すこと［発表］
>   ア 日常生活に関する身近で簡単な事柄について，簡単な語句や基本的な表現

> を用いて話すことができるようにする。
> イ　自分のことについて，<u>伝えようとする内容を整理した上で</u>，簡単な語句や基本的な表現を用いて話すことができるようにする。
> ウ　身近で簡単な事柄について<u>伝えようとする内容を整理した上で</u>，自分の考えや気持ちなどを，簡単な語句や基本的な表現を用いて話すことができるようにする。
> 　　　　　　　　　　　　　　　　　　　　　　　　　　（下線は筆者）

「伝えようとする内容整理」のためには，ワークシート等を効果的に使用した指導を行うことが必要です。書き込んだ語句やイラスト等をヒントとして発表活動に利用するなど，統合的な活動に広げる工夫が求められます。

> (5)　書くこと
> 　ア　大文字，小文字を活字体で書くことができるようにする。また，<u>語順を意識しながら</u>音声で十分に慣れ親しんだ簡単な語句や基本的な表現を書き写すことができるようにする。
> 　　　　　　　　　　　　　　　　　　　　　　　　　　（下線は筆者）
> 　イ　自分のことや身近で簡単な事柄について，例文を参考に音声で十分に慣れ親しんだ簡単な語句や基本的な表現を用いて書くことができるようにする。

「語順」に気づくための工夫としては，板書やワークシートなど，視覚的にわかりやすい形で提示することが大切です。日本語との違いに気づかせるためには比較対照しやすい形で児童に提示し，ペアやグループ活動で分析させるような活動を通して構造の違いに主体的に気づかせる学びにするとよいでしょう。

(3) 指導計画の作成と内容の取扱い

学年ごとの目標に応じて，実際に英語を使用して互いの考えや気持ちを伝え合うなどの言語活動を繰り返し行えるようにするとともに，以下のアに示されている内容をしっかりと理解することが肝心です。

> ア　単元など内容や時間のまとまりを見通して，その中で育む資質・能力の育成に向けて，児童の主体的・対話的で深い学びの実現を図るようにすること。

> その際，具体的な課題等を設定し，児童が外国語によるコミュニケーションにおける見方・考え方を働かせながら，<u>コミュニケーションの目的や場面，状況などを意識して活動を行い，英語の音声や語彙，表現などの知識を，五つの領域における実際のコミュニケーションにおいて活用できるようにすること</u>。
>
> （下線は筆者）

　児童の興味・関心に合った教材開発を行うとともに，それぞれの活動にふさわしい指導方法・指導形態をとることが求められます。他の教科で学習したことを活用したり，学校行事で扱う内容と関連づけたりするなどの工夫が大切です。そうすることで，児童の発達段階に合った言語活動にすることが可能となります。例えば，道徳で考えたり感じたりしたことを英語の絵本の読み聞かせとして聞いたり，演じたりすることで学びが深まることも起こりえます。登場人物などの気持ちを汲み取って表現する工夫をすることで豊かな言語活動が生まれるからです。ただし，英語だけで他教科の内容を理解させる指導は難しく，欧州で盛んなCLIL（Content and Language Integrated Learning：内容統合型言語学習）をそのまま言語環境の異なる日本に取り入れてもうまくいくはずはありません。日本の言語・教育環境に合わせた導入の検討が求められます。

(4) 内容の取扱い

　平易なものから難しいものへと段階的に指導することが基本です。また，受信活動と発信活動では，求められる能力が異なることを十分理解した上で指導することが肝心です。聞いてわかる，読んでわかる段階でよいのか，言える/書けるようにするまで求めるのかで指導に大きな違いがあるからです。残念なことに，学習指導要領や学習指導要領解説からは，それぞれの活動における具体的な到達目標や受容語彙/発信語彙の数等は読み取れません。どのような基準で語彙を選定するかについても明示される必要があるでしょう。

(5) 音声指導のポイント

　高学年になると心理的発達段階のせいか，聞こえた音声をそのまままねすることが難しくなります。どの外国語を学ぶ場合でも，日本語との音声の違いに気をつけながら，聞こえた通りにまねして発話する癖をつけることが大切です。この学習ストラテジーが育っていないと，文字と音声とを関連づけて指導する際，ローマ字読みになってしまうからです。
　内容や気持ちを効果的に伝えるためには，個々の分節音だけではなく，イントネーションや強勢の位置，ポーズの取り方，話し口調等，さまざまな音声特徴を駆使することが必要です。国語科の教材と連携させながら指導をすると効果的でもあります。ことばとしての言語使用になるように，また日本語との比較をするなど，指導の工夫をしながら英語を学ぶ機会を持つことが，ポイントといえそうです。

(6) 終わりに

　各単元や各時間の指導においては，コミュニケーションを行う目的，場面，状況などを明確に設定することが重要になります。学びの過程において，児童が学習の見通しを立てたり，振り返ったりすることができるように形成的な評価を行うことがこれまで以上に求められます。主体的な学びを支えるのは振り返り活動であることを肝に銘じておく必要があるでしょう。特に短時間授業を行う学校は，ドリル的な活動だけで終わらせないように工夫することも必要です。

（金森　強）

3 中学年 外国語活動 指導のポイント

　中学年の「外国語活動」について,「小学校学習指導要領 第4章 外国語活動」を参照しながら考えてみましょう。「外国語活動」の目標は,下線部分を除けば,現行の高学年「外国語活動」の指導と大きな違いは見られません。

第1　目　標
　外国語によるコミュニケーションにおける見方・考え方を働かせ,外国語による聞くこと,話すことの言語活動を通して,コミュニケーションを図る素地となる資質・能力を次のとおり育成することを目指す。
(1)　外国語を通して,言語や文化について体験的に理解を深め,日本語と外国語との音声の違い等に気付くとともに,外国語の音声や基本的な表現に慣れ親しむようにする。
(2)　身近で簡単な事柄について,外国語で聞いたり話したりして自分の考えや気持ちなどを伝え合う力の素地を養う。
(3)　外国語を通して,言語やその背景にある文化に対する理解を深め,<u>相手に配慮しながら,主体的に外国語を用いてコミュニケーションを図ろうとする態度を養う。</u>

（下線は筆者）

　下線部分の「相手に配慮しながら」「主体的にコミュニケーションを図ろうとする」は,中学年にだけ置かれているものではなく,高学年外国語科の目標にも,また,中学校外国語科の目標にも示されており,英語教育全体を通して大切にすべき点であるといえます（高学年は「他者に配慮しながら」,中学校は「聞き手,読み手,話し手,書き手に配慮しながら」）。機械的に覚えたことを言うことではなく,相手を意識しながら,目的や見通しを持ったコミュニケーション活動が期待されていることがわかります。

(1) 3領域における目標と内容

　小学校中学年では,「聞くこと」「話すこと［やり取り］」「話すこと［発表］」の3つの領域別に目標が設定され,指導を通して,以下に示す資質・能力を育成することとなっています。

---

(1) 聞くこと
　ア　ゆっくりはっきりと話された際に,自分のことや身の回りの物を表す簡単な語句を聞き取るようにする。
　イ　ゆっくりはっきりと話された際に,身近で簡単な事柄に関する基本的な表現の意味が分かるようにする。
　ウ　文字の読み方が発音されるのを聞いた際に,どの文字であるかが分かるようにする。
(2) 話すこと［やり取り］
　ア　基本的な表現を用いて挨拶,感謝,簡単な指示をしたり,それらに応じたりするようにする。
　イ　自分のことや身の回りの物について,動作を交えながら,自分の考えや気持ちなどを,簡単な語句や基本的な表現を用いて伝え合うようにする。
　ウ　サポートを受けて,自分や相手のこと及び身の回りの物に関する事柄について,簡単な語句や基本的な表現を用いて質問をしたり質問に答えたりするようにする。
(3) 話すこと［発表］
　ア　身の回りの物について,人前で実物などを見せながら,簡単な語句や基本的な表現を用いて話すようにする。
　イ　自分のことについて,人前で実物などを見せながら,簡単な語句や基本的な表現を用いて話すようにする。
　ウ　日常生活に関する身近で簡単な事柄について,人前で実物などを見せながら,自分の考えや気持ちなどを,簡単な語句や基本的な表現を用いて話すようにする。

今回の学習指導要領では,「話すこと」が［やり取り］と［発表］の２つの領域に分けられており,［やり取り］においては覚えたことを一方的に話すだけではなく，相手に応じて質問をしたり答えたりする活動において，お互いに伝え合う能力を育成することが強調されています。高学年や中学校の「外国語科」でも［やり取り］と［発表］の２つに分けられており，学年が上がるにつれて，準備をせずに即興でやり取りをすることが少しずつ増えていくことになっているようです。一方，外国語活動の「話すこと［発表］」では，身近なことについて実物やイラスト・写真等を用いて自分の考えや気持ちを伝える言語活動が求められています。Show & Tellのような活動を通して，聞き手を意識した発表能力育成のための活動や教材が準備されなければならないことになります。

　また，「読みあげられたアルファベットがどの文字であるのかを答えられる力」の育成が中学年に下りてきている点は，現行の目標との大きな違いになります。ただし，文部科学省が作成している新教材では，聞こえてきたアルファベットをノートに文字として書く力を育成するのではなく，読まれたアルファベットを指さしたり，線で結んだりする活動が考えられているようです。

(2) 内　容

　第３学年及び第４学年で身につける知識及び技能は，３つの事項に分けて記されています。

> (1)　英語の特徴等に関する事項
> 　実際に英語を用いた言語活動を通して，次の事項を体験的に身に付けることができるよう指導する。
> 　ア　言語を用いて主体的にコミュニケーションを図ることの楽しさや大切さを知ること。
> 　イ　日本と外国の言語や文化について理解すること。
> 　　(ア)　英語の音声やリズムなどに慣れ親しむとともに，日本語との違いを知り，言葉の面白さや豊かさに気付くこと。

> (イ) 日本と外国との生活や習慣，行事などの違いを知り，多様な考え方があることに気付くこと。
> (ウ) 異なる文化をもつ人々との交流などを体験し，文化等に対する理解を深めること。

　イの言語や文化についての理解においては，体験的な理解を通して多様な文化の存在に気づき，それぞれの文化のよさや特色にふれる機会を持つことが大切になります。特定の言語や文化への憧れを抱かせるような偏った指導は望ましくありません。

　英語の音声やリズムについては，日本語にはない音声的特徴に気づかせることが重要です。手拍子等のリズムに合わせて発話するだけでは英語のリズムを身につけることはできません。内容を適切に伝えるための語強勢，文強勢の置かれた自然な英語の音声特徴に慣れ親しませることが肝心です。

> (2) 情報を整理しながら考えなどを形成し，英語で表現したり，伝え合ったりすることに関する事項
> 　<u>具体的な課題等を設定し，コミュニケーションを行う目的や場面，状況などに応じて</u>，情報や考えなどを表現することを通して，次の事項を身につけることができるよう指導する。
> 　ア　自分のことや身近で簡単な事柄について，簡単な語句や基本的な表現を使って，相手に配慮しながら，伝え合うこと。
> 　イ　身近で簡単な事柄について，自分の考えや気持ちなどが伝わるよう，工夫して質問をしたり質問に答えたりすること。
> 　　　　　　　　　　　　　　　　　　　　　　　　　　　（下線は筆者）

　言語材料に慣れさせることを目的に，毎回，CD等を聞いて繰り返し発話するというドリル的な活動が続いてしまえば，コミュニケーションの場面や設定が意識されず，ことばとしての学びにならなくなってしまうでしょう。コミュニケーションの見通しを持った活動になるよう心がけることが大切であり，コミュニケーションにおいて何が大切なのか，効果的な「振り返り」による指導が必要になります。

> (3) 言語活動及び言語の働きに関する事項
> 　①言語活動に関する事項として，次のような言語活動を通して指導する。
> 　　ア　聞くこと
> 　　　(ア)　身近で簡単な事柄に関する短い話を聞いておおよその内容を分かったりする活動。
> 　　　(イ)　身近な人や身の回りの物に関する簡単な語句や基本的な表現を聞いて，それらを表すイラストや写真などと結び付ける活動。
> 　　　(ウ)　文字の読み方が発音されるのを聞いて，活字体で書かれた文字と結び付ける活動。

　概要を理解することがねらいであるとすると，一語一句に和訳を与える必要はありません。ICT等の視聴覚教材を効果的に用いながら，英語の音声と意味・概念・内容が直結して理解できるように指導することが望まれます。

> 　　イ　話すこと［やり取り］
> 　　　(ア)　知り合いと簡単な挨拶を交わしたり，感謝や簡単な指示，依頼をして，それらに応じたりする活動。
> 　　　(イ)　自分のことや身の回りの物について，動作を交えながら，好みや要求などの自分の気持ちや考えなどを伝え合う活動。
> 　　　(ウ)　自分や相手の好み及び欲しい物などについて，簡単な質問をしたり質問に答えたりする活動。
> 　　ウ　話すこと［発表］
> 　　　(ア)　身の回りの物の数や形状などについて，人前で実物やイラスト，写真などを見せながら話す活動。
> 　　　(イ)　自分の好き嫌いや，欲しい物などについて，人前で実物やイラスト，写真などを見せながら話す活動。
> 　　　(ウ)　時刻や曜日，場所など，日常生活に関する身近で簡単な事柄について，人前で実物やイラスト，写真などを見せながら，自分の考えや気持ちなどを話す活動。

　やり取りにおいて大切なことは，話し手だけではなく聞き手の姿勢・態度も

育成するということです。よりよいコミュニケーションを持つためには，話し手だけでなく，聞き手を育てる指導が大切になります。相手の顔や体，声の表情をしっかり受け止めながら自然なあいづちや反応をすることができる聞き手を育てましょう。「聞く力」はコミュニケーションの基本です。

(3) 中学年の指導において留意すべきこと

　新学習指導要領では高学年の外国語科の設置が注目されていますが，初めての外国語・外国文化との出あいの時間となるのは，3・4年生の「外国語活動」においてです。外国語を学ぶことへの動機づけの機会として，また，開かれた心を育む国際理解教育としての「外国語活動」の在り方は大変重要です。「外国語活動」の目的やねらいを十分達成させるためには，高学年の「外国語科」の前倒しにならないよう注意すべきでしょう。

　週1時間しか取ることができない「外国語活動」ですが，その目標にふさわしい指導が行われれば，高学年，中学校への学びにつながる有意義な時間となるはずです。外国語活動を通して生まれるさまざまな気づきや学習ストラテジーが，生涯を通して外国語を自律的に学び続けることができる素地を育むことにつながるからです。反対にこの段階で外国語を学ぶことに対する苦手意識が育ってしまえば，その後の学習にとってマイナスにしかなりません。授業時数や発達段階にふさわしいていねいな指導が望まれます。各地方自治体による「外国語活動」のための効果的な教員研修の実施が求められます。　　（金森　強）

4 アクティブ・ラーニングの視点での授業作り
―― 主体的学び・対話的学びから深い学びへ

　思考力，判断力，表現力を高めるためには，知識を享受するだけの学習ではなく，学習者自らが課題を見つけ，課題解決のための判断材料を収集し，友だちとの議論や協働学習を通して考えを深め，判断をし，解決策を見いだし実行する機会を持つことが大切になります。その過程を通して，社会や実生活につなげることのできる総合的，かつ立体的な「知」の確立がなされ，実践のための「技能」を習得し，また，身につけた知識と技能を社会において適切に用いる「主体的な学びの姿勢や態度，価値観」の育成が可能となるからです。このような学びを深める指導方法としてアクティブ・ラーニングが注目されています。

(1) アクティブ・ラーニングの効果

　大学におけるアクティブ・ラーニングに関する研究は，数式や理論的概念を多く扱う理工学系の学部において多く見られます。この手法による授業を受けた学生は，講義中心の教育を受けた場合と比べて，途中で専門を変える学生の数が半分に，退学する学生の数が3分の1になったという報告もなされています。友だちとのディスカッションや協働による研究・実験を進めることを通して，理論・知識を具体的な事象に用いる体験を持ち，講義では得ることのできない「深い学び」が生まれるとされています（次ページ図参照）。理論的概念を学ぶことや高度な技能を身につけることの意義を知るとともに，多面的思考を持つことの大切さを知る機会にもなり，研究分野への興味が強くなり，学びの志向性が高くなるわけです。

　Bonwell & Eison (1991) は，学習者の学びに対する動機づけにおいて重要なポイントとして，以下の5つをあげています。

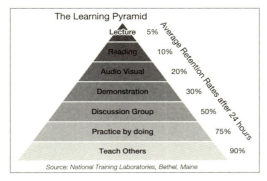

図　学習ピラミッド
(図は「学習ピラミッド」と呼ばれるもので，学習方法が下に行くほど主体的な学びとなり，結果として学びが深まると考えられています)

①授業で育成をめざした能力が適切に，かつ公平に評価されること
②学習者に学びの中で選択権が与えられること
③学習者を後押ししてくれるような環境で学びが起こること
④学習者が活動や宿題を行うことで成功体験を持つことができること
⑤学習者が次のステップを知っており，自分たちがどのように成長することを期待されているかもわかっていること

　このような環境を作るためには，指導と評価においてどのようなことに留意しなければならないのでしょうか。

(2) アクティブ・ラーニングの特徴

　深い学びを生み出すための主体的で対話的な活動とはどのようなものなのでしょうか。以下は，アクティブ・ラーニングとして考えられる指導・活動の例です。

○学びへの意欲を引き出すブレインストーミング活動
　リーディングや講義の前に行い，学習活動への興味を引き出すと同時にスキーマを活性化させる活動を行う。
○ペアやグループによる協働による学びの活動
　考えたことや感じたことを伝え合う活動やロールプレイ，ディスカッション等の活動を実施する。
○実社会につながる課題を設定した活動
　身近なこと，生活・将来につながる目あてや課題を設定して活動する。

4　アクティブ・ラーニングの視点での授業作り　61

> ○表現活動
>   エッセイ・ライティング，ディスカッション，スピーチ等を行う。
> ○振り返り活動
>   振り返り（リフレクション）を持つことで「気づき」を促す形成的評価を実施する。

英語の授業においては言語活動をPre，While，Postの3つに分けて，リーディングやリスニング等の内容に関するスキーマ作りのための活動，ペアやグループで行うロールプレイ，ディベート等の活動，エッセイ・ライティングやスピーチ等の表現活動が実施されてきました。英語の授業自体そのままでアクティブ・ラーニングが行われていると考えてもよさそうですが，効果的な学びにするためには，押さえておくべき留意点があります。

(3) 協働学習と振り返りの重要性

アクティブ・ラーニングでは，ペアやグループによる協働学習（cooperative learning）が重視されます。特に大切なのは，「競争」ではなく「協力」が生まれることです。英語授業に「競争」を持ち込み，言語活動の活性化をねらうようなことが見られがちですが，その場合，ことば・コミュニケーションとしての言語使用にならないことが多く，また，学習者間に足場設定（scaffolding）が生まれる環境作りが難しくなってしまいます。協力しながら学ぶ体験の提供こそが大切なのです。お互いの考えや思いを聞いたり伝えたりしながら自身の考えや思考方法に変化が生まれてくる対話的な学びが肝心です。

また，効果的な振り返り（リフレクション）活動も重要です。振り返り活動を工夫し，学習者が各授業や単元のめあてにふさわしい学びができたかどうかについて自己評価や相互評価を行うことで，学び合いが生まれ，自律的な学習者の育成につながります。外国語教育において振り返りを持つことで気づくべきことは何でしょうか。母語と異なる目標言語の特徴や異文化，異なる価値観等の存在に加えて，言語・コミュニケーションに対するメタ認知・メタ言語能

力の育成も外国語教育における見方・考え方を形成することになるはずです。

　広島県尾道市立日比崎小学校では，教師たちの自主的な取り組みから台湾の小学校とICTを活用した交流活動が始められました。スクリーンの向こうの友だちに自分たちのことをしっかりと伝えるために大切なことは何か，声の大きさ，ジェスチャー，顔の表情，話すスピード，絵・写真の提示法など，子どもたちは工夫をしながら，よりよいコミュニケーションの方法を探っています。

　また，振り返り活動を通して　伝えることの難しさや相手のことばに耳を傾けて聴くことの大切さ，英語で自分たちの考えや気持ちが伝わることの達成感，コミュニケーションの楽しさ，学んでいる英語が海外の人とのコミュニケーションに使用できるという事実等，多くのことを学んでいます。

　このように学習者が「考える」「気づく」授業こそがアクティブ・ラーニングの神髄であり，「気づき」を生み出す教師の手立てがポイントとなります。大田区立志茂田小学校（小林美智教諭，平成25〈2013〉年当時）は，教室に大きな「きづきの木」を貼り，子どもたちの「気づき」を葉の形をした短冊に記して貼りつけることで，英語，コミュニケーションについて「考える」「気づく」指導を行いました。この「きづきの木」が指導者側にもアクティブ・ラーニングを意識させる効果を生むことになったことはいうまでもありません。

(4) 英語科でのアクティブ・ラーニングにおける重要な留意点

　教え込みではない「気づき」を生み出す指導の在り方として以下のようなポイントがあげられます。

- activeな活動を促す教師の指示，発問
　各活動の前の教師の指示や発問で，読む，聞く，話す，書く，関わる活動に興味を持たせるとともに，音声，言語形式・文構造，内容の何を意識しながら活動するのか，活動の目的をしっかりと伝えるようにします。
- 協働学習
　豊かなコミュニケーションを生み出すために学習者間に協力・学び合いが生

まれる活動を提供する。コミュニケーションの質を意識した「関わり」を生み出す英語使用の機会を作るようにします。
- 実際の社会につながるめあての設定と評価
学んでいることが社会や自身の生活場面にどのようにつながるかが伝わるように「めあて」の設定を行う。CAN-DO リストを用いた自己評価を通して形成的評価を実施することがポイントになります。
- 効果的な省察活動
活動の終わりや途中に言語活動やコミュニケーション活動の目的や意義，学び方を意識させる振り返りの時間を取ることで，「考える」「気づく」ための時間を持つようにします。
- 既習の言語材料を活用し発信する活動
言語活動等を通して，自身の考えや感じたことを表現する活動を持たせるようにします。その際，英語をそのまま記憶し使用するのではなく，内容や自分の考えを自身のことばで，要約（summarize）したり，言い換え（paraphrase）をして発信したりする機会を与えるようにします。

(5) 小学校外国語教育におけるアクティブ・ラーニングの進め方

①音声指導

　日本語と英語の音声：個々の音声やイントネーションなど，また，音節構造の違いや共通点に気づかせる指導になるよう心がけましょう。その際，唇の形，舌の位置などや破裂音，摩擦音等の音声学的な視点からの指導は，適切な手立てがなければ，教師の教え込みで終わってしまうので注意が必要です。ペアやグループで，日本語との対照表などを用いながら気づいたことを整理し発表させるなどの活動を実施するとよいでしょう。国語科と連携し，クロスカリキュラムでの指導が望ましいといえそうです。

②文字指導

　他の外国語の文字や欧州で用いられるアルファベットなどと比較したり，

日本語の文字と比較したりすることで，形(直線, 曲線, 点)や書き方(縦書き, 横書き, 左から, 右からなど)や音声上の違いや共通点に気づかせることが大切です。また，文字言語を使用することの意義や効果について考える時間をもつこと，表音文字，表意文字の違いなどについて国語科との連携によって深めたり，手話や地図記号などを教材として活用するのもよいでしょう。

③文構造への気づき

主語＋動詞＋補語/目的語の語順などへの気づきが生まれるように，例えばカードを品詞で色分けしたものを利用して提示するなどの工夫で，児童がルールを見つけ出すような活動を行うとよいでしょう。文法用語はなるべく使用しないようにします。用語だけで難しく感じてしまう子どももいることに配慮しましょう。

④コミュニケーションについて

ことば・コミュニケーションとして適切な言語の使用を行うには，目的や場面, 状況, 相手との関係を考えることが必要です。そのような適切なコミュニケーションを行うために気をつけなければならないことを，子どもたち自身に気づかせる指導が大切です。「振り返り活動」「振り返り表」の活用や，振り返りの際の教師の発問の工夫による「気づき」を促す手立てが必要となります。

⑤他教科との接続と連携

国語科や他教科で学んだことと関連づけることで,「知のネットワーク作り」の意識を育て,「立体的な知」を作り上げる習慣を作ることを意識しましょう。

(6) 終わりに

教室内における活動をアクティブにすることをめざすと，静かにじっくりと考える時間が否定されてしまいがちです。「静」の活動であっても学習者の脳や心は「動」の状態であり，活発に学んでいることがあることも忘れてはいけません。見せかけのアクティブ・ラーニングにならないよう心がけたいものです。

（金森　強）

5 評価の在り方（形成的評価のためのポートフォリオ）

(1) 授業内評価のプロセス

「評価」という用語からすぐに連想されるのは，「成績」，あるいは通知表に記載される「評定」でしょう。これまで外国語活動では，文章の記述による評価が行われてきましたが，外国語が教科化されると，「評定」において，数値による評価を適切に行うことになります（中央教育審議会「答申」(2016)，p.196）。ここで大切なことは，評価が，児童の学びや目標の到達を支援する働きを持っているかどうかです。

Genesee and Upshur (1996, p.6) は，授業内評価 (classroom-based assessment) のプロセスを以下のように図式化しています。

①評価の目的の決定 → ②情報収集 → ③情報の解釈 → ④意思決定

この①～④の流れを，学習指導要領の「話すこと［やり取り］」の目標として記述されている，次のような目標を例に考えてみます。

> ウ 自分や相手のこと及び身の回りの物に関する事柄について，簡単な語句や基本的な表現を用いてその場で質問をしたり質問に答えたりして，伝え合うことができるようにする。

上のような目標に到達しているかどうかを評価する場合，実際に，児童たちが伝え合うことができているかどうかを観察します。この場合，例えば，「友だちに学校生活の中で得意なことを調査し，結果をワークシートに書きこもう」といったタスクを与えることが考えられます。教師は，児童がそのようなタスクに取り組む様子を直接観察し，情報収集します。このような評価方法をパフォーマンス評価と呼びます（松下，2007）。次に，集めた評価情報（観察され

た様子など）を解釈しますが，この時に，例えば，以下のような評価基準を用意し，児童の活動の出来ばえをとらえます。

「話すこと［やり取り］」の評価基準

質問をしたり，質問に答えながら，その場で積極的にやり取りをしている。	相手や教師のサポートを得ながら，質問をしたり，質問に答えている。	相手や教師のサポートがあっても，質問をしたり，質問に答えることが難しい。

　この時，教師の間で解釈のぶれがないよう，信頼性（reliability）を確保することが大切ですが，そのために，それぞれの基準でのパフォーマンスの事例（ベンチマーク）を共有しておくとよいでしょう。最後に，評価を通して把握できた児童の学習状況から，児童の学びに対してフィードバックを行ったり，指導改善を行ったりするという意思決定を行います。このような①〜④の一連の流れは，「指導と評価の一体化」と呼ばれます。

(2) 形成的評価から「学習のための評価」へ

　前節では，児童の到達度を評価するための授業内評価のプロセスを概観しましたが，松沢（2011, p.60）は，到達度評価をその目的と頻度により，以下のようなタイプに整理しています。
- 形成的評価（formative assessment）：児童がどのように学んでいるのかについて情報を集めながら，学習者の学びを支援することを目的とした評価
- 総括的評価（summative assessment）：学期末，あるいは，学年末等に，成績をつけることを目的とした評価
- 継続的評価（continuous assessment）：短期間に継続的に評価情報を繰り返し収集する方法
- 一括的評価（lump-sum assessment）：長期間のまとまりの評価情報を一度に集める方法

　形成的評価と継続的評価，総括的評価と一括的評価は，それぞれ同義のものと混同されがちですが，形成的評価と総括的評価が，評価の目的を意味するも

ので，継続的評価と一括的評価が，評価の頻度・方法を意味するものであることに注意したいと思います。

　授業内評価においては，最終的な成績をつけることと同時に，学習者の普段の学びを支援し，目標へ導くことが，より重要な目的となります。その点で，授業内評価では，「継続的で形成的な評価」（松沢，2011, p.61）の役割が重要となります。特に，英語を学び始めて日が浅い小学生の場合，一人ひとりの学びの道筋やペースが異なっていることが考えられるので，教師が児童の学びを見ながら，ていねいな支援を与えることが大切になります。

　しかし，Wiliam（2011）が指摘しているように，実際に学校で「継続的で形成的な評価」と呼ばれているものは，小テストのような形で短期間に繰り返される評価を指す場合が多く，学習者へ十分なフィードバックが与えられておらず，形成的評価の本来的な意味が歪められているという指摘があります（二宮，2013；Wiliam, 2011；Black & Wiliam, 1998）。こういったことから，近年，形成的評価という考えに加え，「学習のための評価（assessment for learning）」という考えが提案されています。これまで評価といえば，児童が，現在に至るまでどれだけ学んできたか，つまり，過去からの積み上げを評価する「学習したことの評価（assessment of learning）」でしたが，「学習のための評価」は，得られた評価情報を，その後の児童の学習や授業に活かしていくという点で，将来の学びに目が向けられています。

　「学習のための評価」について，松沢（2011, p.61）は，Harlen and Winter（2004, p.392）を引用しながら，次のようにまとめています。

> ①学習の過程と成果について情報が集められ，それが学習指導を改善するために用いられる。②学習者がどのように学習成果を改善し，学習を先に進めるかが分かるフィードバックを受ける。③教師と学習者が学習課題の目標を共通に理解する。④自己評価と相互評価をする。⑤学習者が学習に能動的に関わる（情報の受け手としてではなく）。

　この「学習のための評価」の①〜⑤の特徴を見ると，児童の学習を価値づけする狭い意味での「評価」というより，「授業」あるいは「学習」の過程その

ものであり，教師が常に児童の学びを見取りながら，フィードバックを与え，児童も主体的に学びに関わりながら成長していくという関係が見えます。

(3) 学習のための評価としての自己評価

　上述したHarlen and Winter（2004）による「学習のための評価」の特徴の中には，教師が児童の学習に介入し，学びや成長を支援していくことがあげられていますが，同時に，評価者としての学習者を育てる重要性もあげられています（③〜⑤）。本節では，「学習のための評価」につながるような自己評価がどのようなものかを考えます。

　外国語活動の授業では，授業の最後に，児童たちが，その時間の学びについて振り返りを行う場面がよく見られます。授業のめあてに照らして，自分がどの程度達成できたかを，スケールで表示したり簡単に記述したりします。こういった振り返りは，その授業内で，児童自身が，どの程度学んだかを認識することになるので，「学習したことの自己評価（self-assessment of learning）」となっています。こういった振り返りを，「学習のための自己評価（self-assessment for learning）へ転換するには，どのような工夫が必要でしょうか。

　Butler（2016, p.303）は，学習のための自己評価を行う際に重要な点として，以下の3点を述べています。

　①自己評価の対象となる活動が，特定の場面や状況と結びついていること
　②児童と教師，あるいは，児童同士の対話を通して，何度も行われること
　③自らの学びに関与することで，自律した学習者を育てること

　児童の中には，自らの学習を評価するメタ認知能力が十分に発達していない者もいます。このため，自己評価は，具体的な授業の場面や状況に即して行うことが大切です。また，自己評価といえども，教師や他の児童による援助が，きわめて重要になります。例えば，教師と児童が一対一で，活動の様子について対話を通して振り返りながら，児童自身が自らの学びに意識的になり，その後の学びにつなげて行くカンファレンス（conferencing）という方法がありま

す。この時，学びの足跡を蓄積したり，その後の学びの目標が示されているポートフォリオ（portfolio）を参照すると効果的です。カンファレンスは，時間のかかる方法ですが，自律した学習者を育てていくためには，教師が足場かけ（scaffolding）をしたり，自己評価のやり方について指導することが必要です。また，Butler（2016）は，最初から自己評価をすることが難しい場合は，相互評価（peer assessment）から始めて，友だちの気づきから学んでいくことがよいと述べています。

(4) 学習のための自己評価につなげるポートフォリオ

　上述したように，ポートフォリオは，自己評価を助けるツールになります。ポートフォリオは，以前は，筆記テストのような評価方法とは異なる方法として代替評価法（alternative assessment）などと呼ばれてきましたが，現在に，代替法どころか，「真正の学びの評価（assessment of authentic learning）」とも呼ばれており，その重要性が増しています（Burke, 2009; O'Malley & Valdez-Pierce, 1996）。

　ポートフォリオは学びを蓄積するフォルダのようなものです。授業中に作成した作品，提出物，自己評価票，明確な到達目標などが挟み込まれます。そのタイプはさまざまですが，O'Malley and Valdez-Pierce（1996）は，展示用（showcase portfolio），収集用（collection portfolio），評価用（assessment portfolio）というタイプをあげています。

　次ページの図は，European Language Portfolio（ELP）（McLagan, 2006）からの抜粋です。ELPは，欧州評議会が欧州言語共通参照枠（Common European Framework of Reference for Languages; CEFR）をもとに作成した自己評価のツールで，児童たちが経験した具体的な言語活動について自己評価を行います。抜粋した図は，「やり取り」の自己評価に関するものです。吹き出しの中の記述文は，CAN-DOの記述文となっており，児童は，授業で活動に取り組んだ後，できると思ったCAN-DOの吹き出しに色を塗ります。can say…（〜ということができる），can understand…（〜を理解できる），can ask…（〜とたずねる

ことができる)の後の「〜」の部分は，授業で行った具体的な活動が示されています。児童は，どのくらいの吹き出しに色を塗ることができたかを見て，到達度を確認し，まだ色が塗られていない吹き出しを見て，その後，どのような活動に取り組めばよいのか見通しを立てることができます。また，図の下には，"I can also…"と自分で設定したCAN-DO記述文を記入することができ，より主体的に学びに関わることとなります。

　教師は，児童が色を塗った吹き出しを見て，「自分の好きなことや嫌いなことは言えるようになりましたね。次は友だちに好きなもの，嫌いなものを尋ねてみましょう」とか，「友だちのきょうだいの数が聞き取れなかったのかな。その時は，『もう一度教えて！』と言ってみましょう」などとコメントします。つまり，教師は到達度と設定された目標との差異を示し，どのような学習が必要なのかを示すわけです（二宮，2013, p.104）。このように，児童たちが「学習のための自己評価」を行うためには，教師の適切なフィードバックが欠かせません。

(5) 終わりに

European Language Portfolio (ELP)の自己評価

　児童たちの学びを支援し，自律した学習者を育てるためには，形成的評価に加え，「学習のための評価」「学習のための自己評価」，及び評価ツールとしてのポートフォリオの活用が重要となります。学習の到達度の評価だけでなく，評価が持っている，将来の児童の学びを支援するという役割について考えながら，授業内評価を行っていきたいものです。

（吉田達弘）

Report ①

「パフォーマンス評価とルーブリックの活用」
指導と活用の工夫例

　ここでは，評価について，特にパフォーマンス評価の考えにもとづいて，小学校英語におけるパフォーマンス課題の設定やルーブリックの活用を見ていきます。

1．パフォーマンス課題とはどのようなものか

　まず，パフォーマンス評価とは，オープンエンドで，複雑で状況的で，リアルな生活を映し出す「真正性」（Authenticity）の高い課題（「パフォーマンス課題」）を設定し，それに対する子ども（児童・生徒）のパフォーマンス（成果・学びの姿）を直接かつ体系的に観察し，評価することをいいます（ダイアン・ハート，2012）。英語教育においては，これまでのテストによる評価のように，単に言語材料や言語構造に関する知識を持っているか，持っていないかを測定するのではなく，現実生活に即した課題を達成するために読んだり聞いたり，話したり聞いたりと，複数の技能を統合的に用いられるかどうかが評価されることとなります。

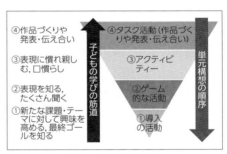

図1　単元構造モデル

　Hi, friends! 1 Lesson 9（What would you like?）の単元では，インタビューをしながら相手の好きなフルーツパフェを作るという課題が設定されています。そこに向かって，フルーツに関する単語や言語表現（What would you like? など）がゲームやアクティビティを通して導入され，慣れ親しむことがめざされています。図1はその単元構造を図式化したものです。子どもたちは

①から順に学んでいきますが，単元を構想する教師側は，まずはじめに④の最終的な課題で必要となる知識や技能を想定し，そこから逆向きに③②①へと教育内容や方法を吟味して位置づけていくのです（逆向き設計）。

では，このようなパフォーマンス課題の設定で重要なポイントは何でしょうか。「マイスペシャルナンバーを紹介しよう」という数字1〜10をターゲットとした取り組みがあります（1時間授業）。1〜10の数字に親しむため，数字に関する絵本での導入や，*Seven Steps*（歌）のアクティビティを行った後，自分の好きな数字を交流するインタビューが最後の課題として位置づけられています。子どもたちは自分のあげた数字を発表することに意欲的に取り組み，「誕生日だから」「自分が頑張っている野球の背番号だから」と，友だちとの交流を活発に行います（彦根市立佐和山小，2017）。この事例からは，課題の設定において，第一に，子どもがその課題に対して目的意識や相手意識・必然性を感じるものにすること，そして第二に，自らのことを語るといった，「自己表現」することのできるものにすること，この2つの視点が重要だということがわかります。

2．評価の工夫（ルーブリックの設定と中間評価，振り返り）

ルーブリックとは，「子どもの作品や成果を見取る基準（具体的な作品の特徴など）をことばで表したもの」で，教師の願う到達度（育てたい姿）をまず設定し（それを大抵はB基準として設定），子どもの実際の作品を見ながら，段階的な姿を設定するものです（A基準はよりよい到達の姿，C基準はもう少し学習の深まりがほしいという未到達の姿であることが多い）。重要なのは，テストの点数や記憶している単語数といった量的な基準のみではなく，むしろ，子どもがさまざまな知識や技能をどの程度活用しているのか，質的な深まりを見る質的基準であるということです。

では，どのようなルーブリックがあるのでしょうか。まず，ルーブリックには，どのようなパフォーマンス課題においても活用できる，やや一般的なルーブリックと，個別具体的な課題において参照する個別課題に寄り添ったルーブリックがあります。まず一般的なルーブリックの例を紹介します。

①やり取り（Interaction）における一般的なルーブリック（筆者作成）

	やり取り	相手意識（アイコンタクト・ジェスチャー）	英語表現	方略的知識
A	自分の伝えたい内容を伝え，相手の発話に耳を傾けることができる。相手の伝えている内容を的確に理解している。	アイコンタクトやジェスチャーを効果的に用いて伝えられている。	当該単元の表現だけでなく，これまでの既習事項を組み合わせて用いている。	相手に聞き返したり，うなずきながら聞くことに加えて，相手の発話を促したり，自分の伝えたい内容を相手に応じて言い換えたりしている。
B	自分の伝えたい内容を伝えることができている。相手の伝える内容の概要を理解できている。	アイコンタクトやジェスチャーを何とか用いようとしている。	当該単元の表現を適切に用いている。	相手に聞き返したり，うなずきながら聞いている。
C	自分の伝えたいことがうまく伝えられない。相手の伝える内容を理解できていない。	アイコンタクトができておらず，ジェスチャーを用いて伝えていない。	当該単元の表現をまだ自信を持って用いていない。	うなずきながら聞いたり，相手の伝える内容がわからなくても聞き返すことができていない。

縦軸，横軸を逆にする場合もあれば，数字（4，3，2，1）のように4段階や3段階（大きい数字がよりよいパフォーマンスを示す）の場合もあります。やり取り（Interaction）の課題において必要な視点を項目化し，例えば相手意識や方略的意識など，その課題を行う上で身につけさせたい項目を設定し，それぞれについてめざすべき姿を質的に記してあります。

②個別の課題に即したルーブリック（例：「My bagを紹介しよう」 筆者作成）

	やり取り	相手意識（アイコンタクト・ジェスチャー）	英語表現	方略的知識
4	自分の作品の特徴を英語で伝えたり，相手の伝えている内容を的確に理解し，互いの作品を探すことができ，そのよさを伝えることができる。	アイコンタクトをしながら，ジェスチャーを効果的に用いて相手に自分の作品の特徴を伝えられている。	What do you want?や形や色についての単語だけでなく，これまでの既習事項(manyや数，場所を表す単語)を組み合わせて用いている。	相手の伝える内容を理解し，うなずきながら聞くことに加えて，聞き返したり，さらにIs this your bag?など相手の発話を促したり，言い換えたりしている。
3	自分の作品の特徴を英語で伝えたり，相手の伝えている内容を理解し，作品を探すことができる。	アイコンタクトやジェスチャーを用いて相手に自分の作品の特徴を伝えられている。	What do you want?や形や色についての単語を使っている。	相手の伝える内容を理解し，うなずきながら聞くことに加えて，聞き返したりできている。
2	自分の伝えたい作品の概要を伝え，相手の作品の特徴を理解しようとしているが，細かい点のやり取りができない。	アイコンタクトやジェスチャーを何とか用いようとしている。	What do you want?や形や色についての単語をペアの相手や教師の助けを得ながら用いている。	相手の伝える内容を理解し，うなずきながら聞くことができている。

1	自分の伝えたいことがうまく伝えられない。相手の伝える内容を理解できていない。	アイコンタクトができておらず、ジェスチャーを用いて伝えていない。	What do you want? や形や色についての単語を用いていない。	相手に対してうなずくなどの理解を示す表現ができていない。

　上のルーブリック例は，例えば *Hi, friends! 1* Lesson 5 のTシャツ作りの課題をもとに「My bagを紹介しよう」というパフォーマンス課題を設定した場合の個別ルーブリック例です。一般的なルーブリックと比べて，子どもが用いる具体的な表現・やり取りがより見えるように作成されています。これは一例であり，児童の様子によって着目したい項目も変わるかもしれません。目の前の児童の様子によって，複数の教師で協議をして設定できると，より子どもの実態に応じたルーブリックになります。

3．子どもと教師が評価の視点を「共有する」

　さらに，中間評価や振り返りの際に，こうしたルーブリックを意識し，声かけを行うことが重要です。中間評価とは，活動を2つのブロックに分け，第一ラウンドと第二ラウンドの途中に，教師が介入する時間を作って，ルーブリックの項目に即して子どものよい姿をほめたり，難しい点をフォローしたりする時間です。振り返りでは，授業の終わりの教師によるまとめのことばを通して，同様に重視したい視点を意識させ，教師と子どもの双方が，その活動で重要な視点とめざすべき姿を具体的に意識し，そこに向かうことができます。このように，ルーブリックを作成した上で，それを常に意識した活動が行えるように位置づけ，活用することが必要です。

4．まとめ

　パフォーマンス評価は，外国語活動で取り組まれているタスク課題の考え方と重なり，子どもが目的意識や相手意識を持ち，関心・意欲を持って活動に参加することができるために重要です。今後は，子どもが到達してほしい姿をルーブリックというかたちで示し，課題においてどのような姿をめざすのかを教師と子どもの双方が理解し，共有することができるとよいでしょう。

　　　　　　　　　　　　　　　　　　　　　　　　　　　　（赤沢真世）

6 語彙指導の在り方

　新しい学習指導要領では，これまでの外国語教育における課題解決のために小・中・高等学校を通じて育成すべき資質・能力において，各段階の学びを接続させるとともに一貫した教育目標の指標を設定することで，学習・指導・評価方法の改善・充実を図っています。中でも，小学校における「外国語」の教科化及び中学年からの「外国語活動」の実施は，中学・高等学校，大学の英語・外国語教育の在り方にまで影響を及ぼす大きな改革であるといえるでしょう。小学校でどこまでの力が身につくかがその重要な鍵となりそうです。特に語彙力はコミュニケーションを支える重要な要素であり，指導の在り方には慎重な検討が必要です。

(1) 小学校段階で身につけさせたい語彙力

　語彙指導においては音声言語として語彙に慣れ親しむ段階があり，十分に音声言語に慣れた上で文字言語としての語彙に出あうことが効果的なことはいうまでもありません。新学習指導要領では，高学年から文字を使用した実質的な指導も含まれることになるため，ペンマンシップや文字言語としての英語の学習に注目が集まっているようです。ただし，文字として与えられた語彙を音声化する指導はしたものの，その意味はわからない，あるいは，ローマ字読みの発音しかできないというのでは十分な語彙力が育ったとはいえません。また，動詞であればコロケーション（語と語のつながり）やその語法まで身につけていなければ，実際のコミュニケーションにおいて役に立つことは少ないはずです。限られた授業時数でできることを考えると，小学校段階においてこそなすべき指導とは何かをしっかりと考えておく必要があるといえます。

子どもたちは，実際にALTなどとのコミュニケーションを体験することで，英語を学ぶことへの興味が強くなるようです。わかる/伝わる達成感は英語を学ぶ動機づけにつながるからです。一方，場面や文脈から切り離して単語の音声や綴り字，その意味を知るという無味乾燥な学習に児童が興味を持ち続けられるとは思えません。テストで脅しながら，ドリル学習が強いられるようなことになれば，英語学習への興味も失いかねないでしょう。百害あって一利なしです。また，ボトムアップによる指導だけでなく，文やフレーズの音声の流れの中から単語を聞き取ったり，発話したりする体験を持つことも大切です。一つずつピースを積み上げて行けば英語能力が育つというわけではありません。

(2) 受容語彙と発信語彙

　同じ単語であっても，受信と発信の能力に違いが生まれるのは当然です。母語でも同様ですが，聞いたり読んだりして理解することはできても，自らの発話や作文に用いることができない語句はあるはずです。受容語彙数の方が発信語彙数より多いのが普通であり，発信語彙になる前に受容語彙として身につける，氷山の海面下にある部分の十分な広がりが必要になるのです。
　私たち大人でも，スクリプトを渡されれば読んで理解できる英文の内容を，リスニングテストで問われると答えられないことはよくあります。これは，音声受容語彙として十分にその力が身についていないからにほかなりません。文字中心の学びで終わってしまい，音声言語としての学習に力を注いでこなかったこれまでの英語教育の結末です。音声中心の言語活動への抵抗が大人より少ない小学校段階にこそ，この機会を利用して，音声受容語彙としての語彙力育成を重視すべきだといえます。「外国語活動」「外国語科」における聞く活動で，同じ語句に何度も出会いながら音声受容語彙を定着させるとともに，高学年における文字言語を用いた指導にスムーズにつなげることが肝心です。
　中国の教育課程（標準課程「外国語」）では，受容レベルと産出レベルに分けて語彙数が記されています。日本でも同様の方法が取られることで，「外国語活

動」「外国語科」の教材開発や教科書作成に系統性と広がりが生まれ，音声言語から文字言語への接続が生まれるはずです。小学校と中学校の接続を考えれば，音声受容語彙として慣れ親しんだ語彙が多くなることで，中学校の言語活動も豊かになるでしょう。中学校，高等学校における「外国語科」においても，受容語彙と発信語彙に分けて語彙数が示されることで，統合的な活動につながる活動の在り方に新たな視点からの広がりが期待できます。

(3) 小学校における語彙指導の留意点

　まずは，聞いた音声をそのまま模倣して声に出す習慣をつけることが大切です。これは，他の言語を学ぶ際にも大切な学習方略の育成にもつながります。また，外来語等の既知の知識を利用することで，かなりの受容語彙を容易に導入することが可能となります。その際，日本語とは違う英語の発音の特徴への「気づき」を促す主体的な学びの実践につなげるよう心がけるとよいでしょう。

　単語の意味や概念は訳語を与えるよりもイラストや写真を見せながら意味・概念が直結するような工夫が大切になります。ICT等の視聴覚教材を工夫して指導することが効果的でしょう。日本語に訳す悪い癖はつけない方がよいからです。歌やチャンツを用いた指導が多用されていますが，単語のアクセントの位置や音声特徴が崩れてしまうものは教材として適切ではありません。フレーズや文に不自然なイントネーションがついてしまうものはなおさらです。

(4) 知っている単語が増えれば言語活動も楽しくなる

　子どもにとって興味のわく活動を提供するには，その前提として使える語彙を増やすことが必要です。ゲーム活動等も，知っている単語が多いほど活動の幅が広がり楽しさも増すはずです。そのために利用できるのが外来語です。

　児童が外来語として知っている単語やフレーズは，発音の違いこそあれ，うまく活用すれば語彙を増やすだけでなく，日本語と外国語との音声的な違いに

気づくことにも役立ちます。バナナ［bənǽnə］のアクセントの位置やハンバーガー［hǽmbəːrgər］などは，日本語との違いや日本語にない音声の特徴に気づかせるのに利用しやすい代表例です。このような「気づき」を促す指導を行うと，自分たちで学び方を知るようになります。以前，"penguin"をALTに発話してもらい，子どもたちに聞こえるとおりにカタカナで表す指導をしたことがあります。最初は文字の大きさを変えたり下線を引いたり太字にしたりと，いろいろな工夫をしていましたが，結局，「本当の英語の音をカタカナで表すことは難しい。英語の音声をそのまましっかりと聞いて覚えた方が簡単だ」という結論に達しました。その後は，「カタカナ英語にはご用心」を合いことばに，外来語で馴染みのある単語が出てくるたびに子どもたちは英語とカタカナの音の違いに注意を向けるようになっていました。また，「シュークリーム（もとはフランス語のchou a la creme（クリーム入りキャベツの意）。英語ではcream puffでshoe creamは靴墨のこと）」のように，カタカナ英語では全く通じないものがあるといった知識にも高学年の児童は興味を示すようです。

(5) 主体的な学びにつなげる語彙指導

　知りたい，使いたい語彙であれば学ぶのは楽しいはずです。単元の中に出てくる語彙をていねいに指導したいという考え方もあるでしょうが，子どもが知りたいと思う語彙を自ら選んで学ぶ時間があってもよいのかもしれません。例えば，書道の時間に書いた好きなことばや日本語の中で「未来に残したいことばベスト5」「自分の好きな四字熟語」など，発達段階に応じて電子辞書などを使って他教科等と連携させた調べ学習にすることができれば，興味を持って取り組んでくれるはずです。暗記を強いる語彙指導ではなく，表現活動を通して結果として語彙（音声や文字）が身についてしまう指導でなければ，英語への苦手意識を助長させてしまうことになりかねません。　　　　（金森　強）

本稿は『英語教育』2017年2月号（大修館書店）に掲載された「小学校での語彙指導―大切にしたいこと，注意したいこと」に加筆・修正を加えたものである。

Report ②

歌・チャンツの効果的活用——選び方，使い方

　子どもたちの「多重知性」の観点や言語材料に慣れるための機械的な繰り返し活動からの解放，授業の雰囲気作りにおいて，英語の歌，チャンツの利用は効果があるようです。ただし，その使用法や選び方によっては言語習得や異文化理解において，あまり効果を期待できない場合もあります。

1．歌やチャンツの活用方法

　授業における歌やチャンツの使用には2つの方法があります。1つは聞く活動として，もう1つは発話・歌う活動としての使用です。音楽やリズムに合わせると単語やフレーズを丸ごと覚えやすくなるという点では，歌やチャンツを使うメリットはあるでしょう。目標表現に何度もふれることで，ドリル活動の代わりを果たすことになるからです。ただし，大切なことはフレーズや単語の意味を理解した上で発話する・歌うようにするということです。どんな場面・状況でどのように発話されるのかがわかった上で聞いたり歌ったりするのでなければ，意味のわからないお経を唱えるのと変わりません。また，聞くための歌やチャンツの指導においては，活動の前の教師の活動や発問によって，日本語と英語の音節構造や発音の違いに気づくかどうかに大きな違いが生まれます。音声か内容か，どちらに注意をしながら聴くかによって，全く異なる効果が生まれてくるからです。目的に応じた適切な発問や指示をしてから聴かせることがポイントになります。

2．聞くための歌・チャンツ

　聞く指導の際には，日本語とは異なる英語の音声的特徴を意識しながら，語句や定型表現をまとまった意味の塊として聞き取る力を育てる工夫が必要となります。英語圏の児童向けの歌として知られているからとか，明るい曲調だか

らという理由だけで選ぶのではなく，教材としての工夫ができているかどうかを基準にして選ぶようにしましょう。

　アップテンポの曲調が好まれがちですが，テンポが速いと音声が聞き取りにくくなるのは当たり前のことです。目的に応じてどのようなテンポの曲を選ぶのかを決めるようにします。特に，子どもたちがカタカナで知っている語彙が多く使われている歌詞については「日本語との違い」を意識させた上で聞かせ，子どもたちに気づいたことを言ってもらうようにしましょう。「気づき」が生まれる活動をすることで，学びの質が異なってくるはずです。

3．発話・歌うための歌・チャンツ

　チャンツや歌の中には，リズムやメロディに合わせるためにイントネーションや語強勢，文強勢の位置が不自然になってしまっているものもあります。繰り返し言わせたり歌わせたりして，間違った言い方が定着してしまうのは好ましくありません。特にチャンツの使用については注意が必要です。場面や目的にふさわしい自然なイントネーションで発話する練習が大切です。そのためには，意味内容に関連する動作やイラストなどと一緒に用いると効果的でしょう。歌うための歌としてではなく，まずは，「聞く活動」として英語の歌・チャンツを用いると高学年でも効果的に使用できるはずです。

4．歌・チャンツを選ぶときの基準

　単元や活動の目的にふさわしい教材を使用することに加えて，以下に示す特徴を持つ歌やチャンツを選ぶとよいでしょう。
- 語・文強勢の位置がくずれていない。
- 覚えやすくイントネーションなどが自然な発話に近い。
- 児童がすでに親しんでいる語彙や表現を用いた理解できる内容である。
- 後について繰り返し練習がしやすく作られている。
- 発音の特徴などがはっきりと聞こえる。
- 児童の年齢・発達段階に応じた適切な内容になっている。
- 言語材料の一部を変えるなどすることで自己表現に広げられる。（金森　強）

7 音声指導から文字指導へのスムーズな移行

　小学校外国語活動では「聞くこと」「話すこと」といった音声を中心とした指導が行われてきました。しかしながら，小学校で英語が教科となり，「読むこと」「書くこと」といった文字指導も入ってきます。これまで音声を通して楽しく英語を聞いたり話したりしていた児童が，日本語と全く異なるアルファベットという文字を介することで，音声と文字の関係につまづいたり，英語の文字が読めなかったりわからなかったりすることで嫌いになる，という事態は避けたいものです。

　そこで本章では，小学校英語において，英語の音と文字の関係をどのように児童に気づかせ，音声で十分に慣れ親しんだ単語や表現を，いかに読んだり書いたりできるようにさせるかといった段階的な文字指導について，リテラシー（読み書き）の指導の在り方と実際の具体例をもとに考えます。

(1) リテラシーの指導

　英語圏におけるリーディング指導は主に2つの大きな流れがあります。音と文字を結びつけるルールを学ぶフォニックス指導を代表とするボトムアップ的アプローチと，ホールランゲージ・アプローチや絵本の読み聞かせなどのトップダウン的アプローチです。フォニックスにも analytic approach と synthetic approach がありますが，90年代以降，統合型アプローチが多く用いられ，学習者は音素と文字の対応を学び，例えば3文字のCVC（子音＋母音＋子音）の語であるcatは，/k/＋/æ/＋/t/と読むことができるようになります。また，フォニックスは26文字と44音と500以上の綴り方を持つ英語を分解（decoding）したり，語の綴りを自動的に書いたりすることにもつながり，アジア諸国の英語

教育では重視されています。

　ホールランゲージ・アプローチは自然な環境，意味ある文脈の中でことばを丸ごととらえさせる方法で，構成主義の考え方に基づく全人教育的教授法であるともいわれ，英語を目にしたりふれたりする環境を作り，英語による掲示や絵本の読み聞かせなど，本物の教材を用いて英語を指導します。

　いずれにせよ，歌やチャンツ，教師英語など英語の音声を口頭でたっぷりと入力し，音への気づき，音素の識別，音韻認識，アルファベットの知識，リズムやライム，音のつながりを児童に意識させることが重要であり，段階を踏んでていねいなリテラシー指導が展開される必要があります。そこで，両者を合わせたバランスト・アプローチが望まれます。ボトムアップ・アプローチとしては，アルファベットの大文字・小文字の認識と音韻認識能力の育成が不可欠で，音声言語の気づき，音素，頭子音，ライムなど音節内部構造に気づかせること，ならびにマザーグースの歌やことば遊び，アルファベットジングルなどで音声に慣れ親しませることが重要です。トップダウン・アプローチでは，歌・チャンツで自然な英語にふれさせたり，音源つき絵本や物語のDVD，ビッグブック等を用いて読み聞かせを行ったり，内容を推測しながら大量の英語を聞かせ概要をつかませる活動を設定します。絵本の有効性については，多くの研究でも認められています（アレン玉井，2010など）。

(2) 段階的文字指導

　小学校では絵カードなどに文字を示したり，掲示物に英語を用いたり，英語の歌や絵本を読み聞かせたりすることで，低学年から英語の文字が自然に児童の目に入るようにします。また，3学年でローマ字学習が実施され，自分の名前をローマ字で書くことができます。それらを活用し，児童に楽しく文字にふれ，無理なく学べるように，音声から文字へ段階的に指導することが必要です。つまり，音声中心の指導を踏まえた上で，高学年で興味・関心が文字にも向いてきた段階で，音声で十分に慣れ親しんだごく基本的な単語にふれ，楽しく読

み書きを学ぶ工夫をすることが大切です。

　文字指導の前段階として，外国語活動では次のような活動が考えられます。
①文字や単語を形としてとらえ，興味を持つ段階（ABCソング，アルファベットの順番並べ，文字当てクイズ，ペアで身体でアルファベットの形を表すなど）
②大文字・小文字を認識する段階（アルファベットジングルで文字読みと音読み，大文字と小文字のカード合わせ，神経衰弱など）
③音声で十分慣れ親しんだ語を，音韻認識を高め，ひと塊と認識して読む段階（カルタ取り，曜日や月の単語カード並べ，身近な文字探しなど）
④音声で十分慣れ親しんだ文を，指導者の後について読む段階（絵本の活用）
　書くことではアルファベットをなぞったり，聞こえた文字を書いたり，慣れ親しんだ単語を写したりといった活動が考えられます。

(3) 小学校における段階的文字指導

　私立小学校での実践例を参考に文字指導を考えてみます（泉・田縁，2016）。
①第1段階　アルファベットの名称と文字認識の指導
　アルファベットの名称，形，文字と音の結びつきの指導は重要です。そこで，何種類かのABCソングを用いて，一覧表を見て歌ったり，歌に合わせてシートの文字を指さしたり，文字を並べたりといった活動を行います。また，身近にある文字を探したり（CD，TV，DVDなど），形が似たアルファベットを集め体で表したり，空書きしたりします。文字の高さと位置が同じである大文字と異なり，小文字はよく似た形や書く位置が異なるなど複雑さが増すため，3グループに分類し，1）二階建てグループ（ｂｄｆｈｋｌｔ）では頭をさわる，2）一階建てグループ（ａｃｅｉｍｎｏｒｓｕｖｗｘｚ）は手を叩く，3）地下室グループ（ｇｊｐｑｙ）では机あるいは膝を叩くといった体を使った活動を歌に合わせて行うなど「文字に親しむ活動」を行います。
②第2段階　音と文字を結びつける指導
　児童にとって身近で，馴染みのある単語を中心に，AからZまで26のキーワ

ードを用いて初頭音を強調しながらリズムに乗せて繰り返させるアルファベットジングルは，日本語とは異なる音や文字への気づきを促し，文字と音の関係を気づかせると同時に，絵カードを用いて意味とも結びつけることができます。数種類のジングルを導入した後，同じ音で始まることばを集めさせ，音韻認識を高める活動へ発展させます。

③第３段階　読み始めの指導

　歌やチャンツによる大量のインプットや日頃の発表・コミュニケーション活動での文字提示に加え，絵本の読み聞かせを取り入れます。電子黒板等に読まれている箇所がわかるように示し，児童が文字を目で追うように仕向けると，読みたい気持ちが高まり，自分で読もうとします。簡単な３文字単語が出てくると児童に読ませる「交代読み」や「なぞり読み」など文字が読めるという達成感を与え，自発的な読みにつなげます。「思わず読みたくなる」時期や場面を見きわめ，音読を強制したり，教師の後に繰り返し読ませたりなどはしないことが大切です。

④第４段階　自立した読み手に育てる指導

　読み聞かせや全体音読を重ねた児童に，授業で扱う歌やチャンツの歌詞を配布し，音声とともに文字を読む活動を取り入れたり，Graded Readers（英国の小学校で読み指導に使われている絵本シリーズ）などをペアに１冊渡し交代で助け合いながら読ませます。絵本を読む機会を与え，文字を音声化し，意味がわかって絵で確認できるという体験は，自立した読み手になるために重要です。

（4）終わりに

　児童と教員に負担が少なく，楽しく音声から文字へと英語の学習が進められるように，よりよい教材の提供，リテラシー指導の理論と指導法を含めた教員研修が不可欠です。また，小学校でどこまで文字指導を行うのか，中学校で小学校の復習をしながらどのように４技能を発展させるのか，小中連携も重要な課題です。

（泉　惠美子）

Report ③

指導と活動の工夫例

　ここでは，音声指導から文字指導へのスムーズな移行を実現するために必要と考えられる，「文字を意識させる」あるいは「文字に慣れ親しませる」指導段階を取り上げます。音声で十分に慣れ親しんだ語句や文を読んだりなぞったりする前に，子どもが文字について気づいたり考えたりする楽しみを体験できる段階を用意しましょう。これまでの外国語活動の授業においてもよく取り入れられてきた活動を少しアレンジすることで，音声と文字をゆるやかにつなぐ指導ができます。

1．アルファベットの指導において

　アルファベットの指導は，ややもすればアルファベットカードを単調に読み上げたり，4線に正しく書いたりする機械的な練習と結びつけられがちですが，まずはその音と形に子どもの意識が自然と向けられるような指導を工夫して，文字への興味・関心を高める段階を踏みましょう。一例として，ABCソング（またはチャンツ）などでアルファベットの名前と音，順序に十分に慣れ親しませた後に，個々のアルファベットの音声的，または形状的特徴を考えながら聞く活動を体験させます。

　|アルファベットを使った活動例|　抜けている部分の共通点を考えよう
　アルファベットのつらなりを部分的に取り出します（例：AからPまで）。先生がアルファベットを順に読み上げますが，下例の☆は発音せずに手を叩きます。先生が手を叩いた部分の共通点を考えるように指示して，聞かせます。指導段階に応じて，アルファベットチャートやカードを指し示しながら行います。なお，例1，2は音声的，例3，4は形状的特徴に子どもの意識が向けられるように設計しています。

例1：A ☆ ☆ ☆ F ☆ H I J K L M N O ☆
→ /iː/ で終わる
例2：☆ B C D E F G ☆ I ☆ ☆ L M N O P
→ /ei/ を含む
例3：N ☆ ☆ ☆ ☆ T ☆ V W X Y Z
→ 丸みを帯びている文字
例4：N ☆ P Q R ☆ T U V W ☆ Y ☆
→ 上下をひっくり返しても変わらない

　子どもの実態や学習段階によっては，まずはペア活動として，すべてのアルファベットを使ってお互いに口の動きを見せ合ったり音声を聞かせ合ったりすることで気づきを促し，主体的な学びが生まれる指導にすることもできます。また，☆の箇所のみを聞かせたり，アルファベットの示し方を工夫（着目させたい箇所を色分けするなど）したりして難易度調整をするとよいでしょう。子どもにアルファベットの名称や形について気づいたことを言わせたり，グループで上記のようなクイズを作らせて発表させたりすることで，子どもの主体性や創造性を引き出せるでしょう。

2．単語の指導において

　単語は音声・意味・文字（スペリング）の3つの対応関係である（門田・池村, 2006, p.31）ため，指導にあたってはこの3要素を結びつける必要があります。指導手順として，まずは新出単語に音声で十分に慣れ親しませることを原則とすると，例えば"cat"を指導する場合は，以下の順序が考えられます。
① ［kæt］という音を聞かせ，絵カードなどでその意味を理解させる。
②絵カードなどで「猫」を見せて，［kæt］と言わせる。
③catというスペリングを見せて，その意味「猫」を理解しているか確認する。
④catというスペリングを見せて，［kæt］と声に出して読ませる。
⑤［kæt］という音声を聞かせて，catと書かせる。
⑥絵カードなどで「猫」を見せて，catと書かせる。

学習指導要領では⑤や⑥までの力は求められていないので，小学校段階でどこまで扱うかをしっかりと考えて指導することが必要です。音声指導から文字指導へのスムーズな移行という観点では，②と③または④をゆるやかにつないで，子どもに文字を意識させたり，文字にゆっくりと慣れ親しませたりすることが求められます。以下，①と②の音声指導が十分に行われていることを前提として，活動例を示します。

聞いて考える活動例　Who/What am I? クイズ

　Who/What am I? クイズの要領で，文字に関する情報をヒントに入れて出題します。学習段階に応じて，同じ要領でペアやグループで子どもに作らせて，発表活動につなげてもよいでしょう。活動のねらいはあくまでも「文字（スペリング）への意識づけ」ですので，ヒントを出す際には文レベルでの発話にこだわる必要はありません。

Hint 1. (I am) Yellow/Sweet/Long.
Hint 2. (I have) Six letters.
Hint 3. (My first letter is) B.
Answer. (I am a) Banana.

見て考える活動例　スペリングと意味の対応確認とMissing Game

　単語の指導では，(1) 単語の全体像（ひとかたまり）と(2) スペリング（の一部分）の両方に子どもの意識を向けることが求められます。

(1) スペリングと意味の対応

(2) Missing Game

(1) は文字や音節で分析せずに，単語全体をひとかたまりとして認識するアプローチ（whole-word approach）として，対応している意味（ここではイラスト）を選ばせます。先生は発音せずに文字カードを示し，対応する意味をグー・チョキ・パーのいずれかで示すように指示します。子どもの実態や学習段階によっては，上記のカードとイラストとは別に文字入り絵カードも掲示しておいて，子どもが安心して取り組めるように配慮する必要もあります。

　(2) のMissing Gameでは，まずは絵カードと文字カードでイラストとスペリングの両方を示して子どもに発音させ，3秒間目を閉じるように指示してからアルファベットを1つ抜き，なくなったアルファベットを答えさせます。入門期は，抜き出す箇所は頭文字を中心としましょう。

　いずれの場合でも，答えを確認する際には，さりげなく文字を指しながら発音して聞かせるように心がけましょう。

3．音声指導と文字指導をゆるやかにつなぐための下準備／地ならし

　音声指導からのスムーズな移行のために体系的な文字指導の在り方が重要であることは論じるまでもありませんが，その前提として日頃から英語の文字が子どもの視界に入っていたり，そこに注意を向けたりする環境作りも大切です。すでに子どもの身のまわりには英語の文字があふれていて，景色に溶け込んでしまっている可能性もあるので，例えば教室においても日頃から日にちや曜日を英語で表記しておいて，たまに意図的に間違った内容を掲示して子どもに指摘させたりすると，それに気づかなかった子どもが英語の文字に意識を向けるきっかけになるかもしれません。また，アルファベットのデザインが施されている帽子や服を身に着けている子どもがいたら，何の文字が書かれているのか尋ねてみたりすることも，文字への対応能力を育む上で地道な地ならしとなるでしょう。さらに，単語の絵カードに初めから文字を入れておくことについては配慮が必要な点もありますが（岡・金森，2012, p.172），これも文字指導への下準備のひとつといえるでしょう。

（田邉義隆）

8 ICTを活用したこれからの授業作り

(1) ICTと教育政策

近年ICTの教育への利用はますます多様になり広範囲に及んでいます。「第2期教育振興基本計画」（文部科学省，2013a）では，学校において多様な情報端末でデジタル教材等を利用可能とするため，その標準化を進め，できるだけ早期にすべての教員がICTを活用し

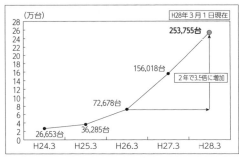

図1　タブレットの普及率（文部科学省，2015b）

た指導ができることをめざすことが打ち出されました。同時に，教員のICT活用指導力向上のための必要な施策を講じるとともに，教育用コンピュータ1台あたりの児童生徒数を3.6人とし，電子黒板・実物投影機を各教室に1台ずつ整備し，超高速インターネット接続率及び無線LAN整備率を100％とすることも目標に掲げられました。また，「教育の情報化ビジョン」（文部科学省，2011a）では，平成32（2020）年までにすべての学校で1人1台のタブレット端末を導入したICT授業を実現するとしていました。現状を見ると，校内LANについては，平成27（2015）年現在で普及率が88％，電子黒板の整備率が78％となり，PC1台あたりの児童・生徒数が6.2人とICT教育環境の整備が急速に進んでいます。タブレットの導入台数は平成25（2013）年から年々倍増ペースで増加しています。海外の普及状況から見ても，外国語の授業でICTが黒板や教科書のように当たり前に利用される日も近いといえるでしょう。

(2) ICTとは

　ICTはInformation and Communication Technologyのことですが，学校教育でのICT活用とは，電子機器や通信機器を使って情報・知識の交流をすることです。これらのICT機器にはどのようなものがあるのでしょうか。電子黒板やタブレット端末はよく知られていますが，プロジェクター，PC，実物投影機，デジタルカメラ，iPodなどのミュージックプレイヤー，そしてこれらの機器を動かすためのアプリケーションやデジタル教材などもICT機器と呼ばれます。これらは情報（ICTのI）を提供するための技術といえます。通信（ICTのC）を実現するためには，これらの機器をネットワークの中で利用することが不可欠です。すなわち，Wi-Fiやインターネットとつながった ICT機器を活用することが，それらの機器が本来持っている潜在性を最大限に発揮させます。

　さて，これらのICT機器はさまざまな教科の授業で活用可能ですが，外国語教育では特にその威力を発揮します。それは，外国語教育で扱うさまざまなタイプのスキルやアクティビティをICTを使って提供することで，一斉学習・個別学習・協働学習を短時間で切り替えて効率よく授業運営を行うことが可能になるからです。また，ICTはマルチメディアを特徴としており，音声・画像や動画・文字を同時に提示することが可能であるため，容易にネイティブスピーカーの音声を聞いたり，発話シーンのビデオを見たりすることを可能にし，また発話練習に欠かせないインタラクティブな（やり取りのある）クイズを解いたりすることも可能にするため，強力な学習ツールとなります。

(3) ICTを使った外国語学習の効果

　実際にどの程度，授業でICTが利用されていて，効果はどれほどのものなのでしょうか。使用頻度の点ですが，平成24（2012）年に行われた日米の小学校でのICT利用環境と教員の意識に関するアンケート調査(Kusano et al., 2013)の

結果によると，アメリカでは約28％の教師が全授業の8割でPCを使っている一方で，日本では同程度使っている教師は3％でした。インターネットに関しては，アメリカでは約半数の教師が全授業の40％以上で利用している一方で，日本では同程度使っている教師は7％でした。アメリカの使用頻度を見ると，もはやICTは特別なものではなくて，教科書やワーク，実験器具などと並んで，授業で当たり前に使われている教材となっていることがわかります。日本は遅れ気味ですが，上述のとおりICT利用環境の整備が進んでいくことで，今後は各教師により一層の使用が求められていくと思われます。

また，平成24（2012）年に小学校の児童に対して行ったアンケート調査（Shoji, 2013）によると，教師が電子黒板を使用する頻度が高いとそれに伴い児童の学習意欲が増すこと，児童のコンピュータの使用歴が長いほど電子黒板を使用した活動への意欲が高まること，そして，児童が携帯電話やスマートフォンを所持している方が電子黒板を使用した活動への意欲が高まることが示唆されています。これらの結果は，子どもは我々教師が思うほどICTの利用に抵抗感はなく，むしろ学習を促進する可能性があるということを示しています。

さらに，「学びのイノベーション事業実証研究報告書」（文部科学省，2014a）では，外国語活動でタブレットを一人1台の環境で利用した児童の意識調査の結果を発表しています。それによると，「楽しく学習することができた」「集中できた」「もっと学びたいと思った」「自分に合った方法やスピードで進められた」など，ICTによる英語学習が高い学習動機をもたらす要因となっていることが明らかになっています（図2）。

それでは，学習効果という点ではどうでしょうか。同報告書では，平成23（2011）年（ICT環境導入直後）から平成24（2012）年の1年間の標準

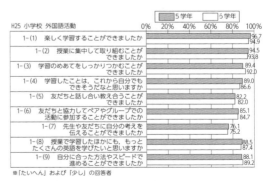

図2　ICTを使った授業後の児童の意識

学力テストの成績の変化を追跡しました。中学校英語の成績の経年変化において，平成23(2011)年が実証校の平均得点が80.5点，全国平均得点が67.3点であり，平成24(2012)年ではそれぞれ，74.2点と56.6点となっており，実証校の平均は全国平均よりも高く，1年間での学習効果も高いことが示されました。これは，ICTを利用した学習はICTを使わない学習よりも高い学習効果を与えると解釈することができるでしょう。このように，ICTを効果的に使うことにより，学習動機や学習効果を促進することが次第に明らかにされつつあります。

(4) ICTの活用方法

ICTを教育に利用する利点としては，マルチメディアであること，時と場所を問わずに情報

図3　3つの学習形態を可能にするICT(文部科学省, 2011a)

を共有できること，試行錯誤による学習が可能なことがあげられます。これらの特徴は，特に外国語学習に不可欠な一斉学習（教師⇔児童），個別学習（児童），協働学習（児童⇔児童）の3つの学習形態をバランスよく授業計画に取り入れることを可能にするとともに，言語材料の使用コンテクストを現実に近い形で提示することも可能にします。以下にその代表的な使用例を記載します。

〈一斉学習の例〉　教材を拡大提示する／音声を画像・映像とともに聞かせる／
　動画を見せる／日本語と英語を切り替えて提示する

〈個別学習の例〉　一斉学習での学習内容を自分のペースで練習する／語の意味
　や発音を調べる／発音を録音し，ネイティブ・スピーカーの音声と比較する
　／インタラクティブなクイズに取り組む

〈協働学習の例〉　個別学習で録音した音声やクイズの解答を他の児童と共有す
　る／授業の振り返りをタブレット上にタイプし電子黒板で共有する／タスク
　で行ったアンケートの集計結果を比較する／双方向遠隔授業を行う

　以上は現時点での利用方法例です。ICTも日進月歩で進化していて，近い将来，今では想像できないような利用方法が可能になるでしょう。　　（石塚博規）

Report ④

海外との交流活動の具体案

1．はじめに

　ソーシャルネットワークやブログなどに代表されるWeb2.0テクノロジーによって，世界中の人々がオンライン上で交流することが容易になりました。日本の文部科学省も，これからの小学校英語教育においては，ICTを活用した海外の学校との交流による外国語コミュニケーションの実体験を推奨しています。そこで本稿では，欧米の学校現場で広く使われ，日本でも最近注目されている教育用ソーシャルネットワークサイトであるエドモド（Edmodo）を活用した，日本と海外（主に英語圏）の児童によるオンライン交流活動を提案します。

2．エドモド（Edmodo）とは

　エドモド（https://www.edmodo.com/）は，2008年に米国で開発された無料の教育用サイトで，英語だけでなく日本語を含めた複数の言語でサポートされています。幼稚園から高校までの学習者を対象とし，児童・生徒，教師，保護者がともに学習を推進，管理するための機能が盛り込まれています。

図1　エドモドのフロントページ

エドモドでは，個人の学習や管理だけでなく，グループ学習も行うことができます。グループの掲示板に文字を書き込むことができるほか，写真や動画，また，他のサイトのリンクを掲載することもできます。ここでは児童・生徒の投稿の管理は教師が行い，教師は投稿を修正，削除できる権限を持っています。また，教師によって認証された児童・生徒だけが投稿できるようになっています。

3．エドモドを活用した海外の小学校との交流活動の具体案
(1) 海外交流校を探す
　エドモドを使って海外の児童と交流するにあたっては，まず，相手校を見つける必要があります。個人的に相手校を見つけることが難しい場合には，インターネット等で広く学校間交流を推進している機関のサイト等から交流先を探す手立てがあります（例：一般財団法人自治体国際化協会シドニー事務所）。

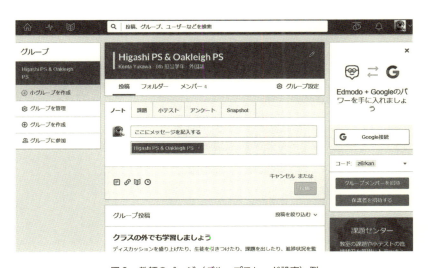

図2　教師のページ（グループスレッド設定）例

(2) エドモドのアカウント登録と交流のためのグループ設定

　エドモドで学習活動を行うための最初のステップは，教師，児童ともに個人のアカウントを作ることです。アカウント作成後，教師は交流のためのグループを設定します。その際，教師にはグループコードが提示されるので，そのコードを使って児童・生徒がグループに登録します。相手校のクラスの教師と児童も同じグループコードで登録します。これで，双方の教師と児童による交流学習コミュニティの設定完了です（図2）。

(3) 活動内容を考える

　次にエドモドを使って，相手校の対象児童とどのように交流するかについて考えます。これから，5，6年生の英語が教科化されることで，「聞くこと・

図3　ペアによる投稿活動の例

話すこと」に加えて「読むこと・書くこと」が学習内容に含まれます。

「読むこと・書くこと」に関する活動としては，投稿するトピックに関する写真とそれに関する単語や簡単な文を投稿する方法が考えられます。例えば，日本の伝統的な遊びである「けん玉」の紹介をトピックとした場合，けん玉の写真とともに，"I like *kendama. Kendama* is fun!" などと英語で投稿することにより，必然性のある読み書きの活動になります（図3）。

(4) 交流方法を決める

最後にクラスで児童がどのように相手と交流するかについて説明します。エドモドでは，児童一人ひとりが個別に投稿し，グループ内の全員が閲覧できます。より深い交流を行うためには，小グループを設定し，数名の児童が相互にコメントすることでグループによる協同学習が成立します。また，双方の学校の児童をペアにし，投稿とコメント返信を行うことで個の学習の促進につながります。交流方法については，実施校の児童の実態に応じて柔軟に考えることが大切です。

4．終わりに

ICTを活用した海外校との交流について，本稿では，エドモドによる海外の小学校との交流を具体例として紹介しました。上述のとおり，エドモドのグループコードを共有することによって，英語圏の国だけではなく，さまざまな国や地域の小学校クラスとオンライン学習コミュニティを形成し，交流できるようになります。オンラインで世界の子どもたちがつながり，交流することは，外国語や文化に対する興味・関心を高めるだけでなく，最近の外国語学習が教室や国・地域を超えたボーダーレスなものになっていることを実感させてくれるでしょう。

（奥村真司）

9

物語教材を活用した授業作り
―― 中学年での活用・高学年での活用

　日本語でも英語でも児童に読み聞かせを始めると，徐々に集中力が増し，しばらくするといつの間にか物語の世界に入り込んでいきます。それは，物語の持つさまざまな要素が子どもたちの好奇心をくすぐるからではないでしょうか。多くの人が，大人から読み聞かせをしてもらった経験を有していることでしょう。読み聞かせ自体は，英語に初めてふれる小学生にとってまさに「慣れ親しんできた」活動といえます。読み聞かせを通じ，中学年では，英語特有のリズムやイントネーションを味わいつつ，語彙や表現に音声面で慣れ親しんでほしいものです。リズムあふれる音は記憶に残ります。音声として記憶に残るほど慣れ親しんだ語彙や表現から，高学年では文字として読み書きさせることで，音声指導から文字指導へのスムーズな接続が期待されます。

(1) 中学年での活用

　英語の児童書には，子どもたちがイメージしやすい物（食べ物，動物，乗り物など）を表す名詞，色，形，大きさ，気持ちなどの具象的な形容詞，そしてhave, get, makeといった基本的な動詞を用いて，シンプルであるにもかかわらずネイティブスピーカーの感覚に基づく文章があふれています。これらの文章を口に出してみると，リズム感があり，幼い子どもたちにとって心地よく耳に入ってくるものが多く，子どもたちでも日本語と英語の音やイントネーションの違いを理解することができるとともに，同じフレーズを繰り返し聞くことで，そのフレーズを容易に口に出すようにもなります。

　例えば，中学年の児童たちにもよく知られている「おおきなかぶ」の英訳 *The Enormous Turnip*（Arengo, 1998）の一部を見てみましょう。

> The seed grows and grows. It's a turnip. The turnip's big. It's very big.
> The man's very happy. 'It's big,' he says.
> The man's hungry. He wants to eat the turnip.
> The man pulls the turnip. The turnip doesn't move.
>
> (pp. 4-6.)

　ここは、おじいさんがまいた種が大きくなり、おじいさんはかぶを抜こうとしましたが、抜けないというシーンです。時制は現在形、be動詞もすべて-'sが用いられていますので、声を出して読む際に[s]の音を強調して読むと、子どもたちの耳にも残ることでしょう。また、形容詞もbigやhappy, hungryといったわかりやい単語が使われているので、それらの単語を子どもたちに繰り返し発話させることも可能です。

　もう一つ、前述の*The Enormous Turnip*から一部を抜き出してみましょう。たくさんの登場人物が、「うんとこしょ　どっこいしょ」とかぶを抜こうとしている、日本語訳でも有名な場面です。

> They see the mouse. 'Come and help!' they say.
> 'Pull!' says the woman. The mouse pulls the cat. The cat pulls the dog.
> The dog pulls the girl. The girl pulls the boy. The boy pulls the woman.
> The woman pulls the man. The man pulls the turnip.
> They pull and they pull and they pull and …
>
> (pp. 16-17.)

　この部分も声に出して読むとわかりますが、大変リズミカルな文章になっています。〈主語＋動詞＋目的語〉のシンプルな文型の文章で、使われている動詞はpullだけで、繰り返し出てきます。加えて、中学年の児童にとっては、「おおきなかぶ」のように日本語で読んだことのある物語は、取り組みやすい

英語教材といえます。話の展開・登場人物が予測できるので，単語や文法などの言語（英語）的情報に集中するばかりではなく，ストーリーを楽しむことができるからです。とはいえ，中学年は，音声面から質のよい英語にできるだけ多くふれることが求められています。つまり，物語活動を通して，「英語特有のリズムやイントネーションに繰り返しふれる」→「内容を推測する」→「内容を理解する」という，音声を用いた内容理解のサイクルを体験させることが重要となります。

　最後に，指遊びをしながら歌う英語のわらべ歌 *Five Little Monkeys* をベースにした絵本 *Five Little Monkeys Jumping on the Bed*（Christelow, 1989）の一部を紹介します。

> Then…five little monkeys jumped on the bed! One fell off and bumped his head. The mama called the doctor. The doctor said, "No more monkeys jumped on the bed!" So four little monkeys…jumped on the bed!
>
> (pp.9-14.)

　この物語には，5匹の子ザルと母親が登場します。子ザルたちはお風呂に入って，パジャマに着替え，歯磨きをし，寝る前の準備をしています。そして，母親が「お休みなさい」と声をかけて部屋を出た途端に，5匹の子ザルがベッドの上で騒ぎ始め，1匹がベッドから落ちて頭を打ってしまいます。母親が医者に電話し，医者から「ベッドでジャンプしてはいけない」と言われたにもかかわらず，残りの4匹の子ザルはまたベッドで騒ぎ出してしまいます。そして，最後の1匹が頭を打ってお医者様に叱られるまでの5回，この物語が繰り返され，最後はお母さんが「やっと眠れる」と大喜びするという内容です。

　言語的には，過去形（jumped, called, said）が使われているので，少々難しいところもありますが，この文章にも独特のリズムがあり，これを5回繰り返し聞くことで，子どもたちも自然とこの内容を発話するようになります。

また，この物語は子どもたちの日常生活で起きうるような内容です。子どもたちもイメージがしやすく，もしかするとすでに同じような経験をしているかも知れません。このように物語の流れがシンプルな作品は，特に中学年対象の外国語活動においては大変効果的です。また，歌や指遊びといった物語以外の補助活動も取り入れると，内容理解をさらに深めることができ，活用しやすい作品といえるでしょう。

(2) 高学年での活用

「聞く・読む・話す・書く」すべての言語活動に，物語教材は関わり得ると考えます。これらの言語活動を踏まえた授業の流れとしては次ページの①〜④のようなものが考えられます。なお，題材は中学1年用英語教科書 *One World 1*（教育出版）掲載の Arnold Lobel 原作 *A Lost Button* からの抜粋です。

```
Toad and Frog went for a long walk.           1
They came back to Toad's house.               2
"My feet hurt," said Toad.                    3
"And I lost my jacket button!"                4
"Don't worry," said Frog.                     5
"Let's go back and find your button."         6

They walked back to the large meadow.         7
"Here is your button!" said Frog.             8
"That's not my button," said Toad.            9
"It's black. My button was white."            10
Toad put the black button in his pocket.      11
```

①教師の朗読を聞く

　音声に十分に慣れ親しむことがまずは求められます。物語全体を楽しみながら聞いた後，概要把握を通してより注意深く聞くことが効果的です。

　絵を見せながら，まずは教師が物語全体の読み聞かせを一度します。教師が臨場感あふれる読みを実践することで，児童は物語世界に引き込まれるはずです。そのための工夫としては，(a)間を取る（例：4行目のAndの前），(b)感情を込める（例：5行目のDon't worry.），(c)対照的な語（例：10行目のblackとwhite）を強調して読む，(d)仕草をする（例：11行目），(e)ガマ君（Toad）とカエル君（Frog）の声音を変える，などが考えられます。

　物語の概要把握は，長すぎると短期記憶が苦手な児童には難しくなります。適度な長さの英文を何度も目的を持って聞かせることが大切です。例えば：

(a)「散歩から帰ってきたガマ君が気づいたことは何でしょうか？」という質問を教師が出した上で，はじめの4行の読み聞かせをする。

(b)(a)の質問に児童が答える。

といった活動が考えられます。さらには，(b)で「ジャケットのボタンをなくしたこと」という答えを児童から引き出した後，教師は「それに対して，カエル君が提案したことは何ですか？」といった質問を追加してもよいでしょう。この質問の後，はじめの4行の読み聞かせを教師は再度行います。

②音声で慣れ親しんだ語句や表現を，文字として識別した上で読む

　これまでの朗読で児童は音声で物語に慣れ親しんだことでしょう。次に，教師がねらいとする語句や表現を，児童に文字として識別させた上で，声に出して読ませる活動が考えられます。語句や表現の例には，(a)新出語句，(b)重要文法事項を含んだ表現，(c)次ページの④で注目する表現があります。仮にtoadとfrogの二語を選んだとします。教師ははじめの6行を再度朗読します。その際，児童は物語を文字で追いながらtoad, frogに印をつけます。これらの語を児童に読ませる際には，母音（[ou][ɔː]）の特徴や，子音（[d][g]）の後に母音が入らないことに気づかせる工夫が大切です。また，同じ綴りと音を持つ他の語もあわせて発音させると効果的です（toadとboatなど）。

③音声で慣れ親しんだ語句や表現を，書き写す

　②の語句や表現を中心に，書き写させることが考えられます。上述のtoadとfrogの場合，実際にはToad, Frogと大文字で始まっています。他の名前（Alice）を含む文と比較させながら，固有名詞は通常大文字で始まるという書く上での決まりごとにも気づかせたいものです。

④自分の考えや気持ちなどを話す

　ペア・ワークやグループ・ワークは①～③でも取り入れられますが，④にこそ適しているでしょう。例えば，4行目の「！」にこめられたガマ君の感情を話し合わせることが考えられます。児童同士の話し合いの後，教師は次のようなやり取りを通して児童の考えを話させてはいかがでしょうか。

　教師：How does Toad feel in line 4? Happy, angry, or sad?
　児童：Sad.
　教師：Yes. He is very sad.

　この後，4行目を「悲しい気持ち」で児童に表現させることも考えられます。

　最後に児童自身に朗読させます。まず，教師やCDのモデルを聞かせ，感情の表し方を考えさせます。その上で，モデルのまねに終わることなく，児童独自の感情表現も大切にさせながら，朗読させるとよいでしょう。

(3) 終わりに

　絵本や物語は，用いられていることばがすてきだからこそ，受信や発信活動において児童の心を動かし得ます。英語の語彙や文構造に慣れさせることが優先されるとせっかくの作品の魅力が消されてしまいます。世界中で愛され続けている作品の魅力を最大限に生かした教材とするための工夫が求められます。

（小野　章・髙味み鈴）

Report ⑤

物語教材活用の留意点と絵巻物教材の活用

　絵本や紙芝居などは，視覚情報（絵・イラスト）から，児童が容易に内容を理解でき，ストーリーに引き込まれることで集中して英語を聞いたり読んだりすることができる点において，語学学習には効果的であるといえます。ただし，使用方法によって，その成果はずいぶんと異なってきます。どのような使用が望ましいのか考えてみましょう。

1．子どもは本当に耳を傾けているのか

　「曖昧さに耐える体験を持つことが外国語学習に必要である」ということを言い訳に，英語をシャワーのように浴びさせればよいと勘違いされている方がいます。母語での会話や読み物でもそうですが，キーワードがわからなければ重要なことが理解できないどころか，全体の概要さえわからないまま終わってしまうこともあります。

　絵本や紙芝居などを見せると，子どもたちは真剣に見入っています。ただし，必ずしもことばをしっかりと聴き理解しているわけではなく，絵を見て勝手な想像をしているだけという場合もあるようです。例えば，学習者がほとんど学んだことのないロシア語の絵本を読んだとして，内容を理解できるでしょうか。絵自体もロシア独特の色使いや形状・風景で描かれています。ロシアに詳しい人には視覚から得られる情報もあるのかもしれませんが，そうでなければ，絵から与えられる情報には限りがあるはずです。また，知っている語彙やフレーズがなければ，ほとんどは理解できないでしょう。もはや「曖昧さに耐える」といったレベルではありません。わからない内容を聞き続けることは，子どもでも大人でも苦痛のはずです。抑揚をつけたり擬音などを用いたりすることで，多少は興味を持ってくれるかもしれませんが，言語学習としてどれだけの意味があるのか，怪しいかぎりです。

2．絵本・紙芝居の効果的な使用方法

「絵本や紙芝居を使っていれば，それだけでよい授業ができている」ということではありません。効果的な指導にするためには，絵本や紙芝居を読み始める前に，表紙の挿絵等について簡単な語句を使ってふれてみたり，日本語でちょっとしたヒントを与えてみたりすることで場面や状況，展開に関するスキーマを与えることが肝心です。また，ページをめくりながら描かれているものに注目させる発問をしたり，内容がわかるヒントを与えたり質問をしたりします。表情やジェスチャーを工夫し，前後の文脈等を含めて話の内容を推測できるように工夫しながら，子どもたちがそれまでに習っている語句をなるべく多く使って語りかけるようにします。

紙芝居の裏に書かれている英文を読み上げるのではなく，描かれている絵を用いながら子どもとインタラクションを取ることが大切です。理解を促すための問いや，言い換え，確認のための質問，聞き手からの質問に答えながら進めることで，学習者を絵本や紙芝居の世界に誘うことができるのです。

3．絵巻物使用の利点

京都のお寺で「絵巻物」を使って説法をしているところがあります。多くの人が思わず耳を傾けてしまうのには理由があります。絵巻物の長所は時の流れを進めたり巻き戻したりできるところです。絵の表し方が工夫され，情報がゆっくりと少しずつ出されることで「予想しながら」「前後を関係づけながら」「期待しながら」「考えながら」など，多様な聞く・読む活動が生まれるのです。

絵本や紙芝居はページが変わると前の情報が見えなくなってしまうので，ストーリーや前後のつながりが一瞬で消えてしまいます。その点，絵巻物は前後が与えられるので，語順や語の形態などを意識させるのにも使えます。画像を取り込んでデジタルスクロールにすることもできます。今後，さまざまな工夫された教材が開発されることを期待したいと思います。

（金森　強）

10 他教科との連携を生かした授業作り
―― 内容言語統合型学習（CLIL）の可能性

(1) 内容言語統合型学習（CLIL）と新学習指導要領

　内容言語統合型学習(Content and Language Integrated Learning，以下CLIL)とは，Content, Communication, Cognition, Cultureの4つのCにわたる知識や能力を言語活動によって統合的に育成する教育であり，コミュニケーション能力やThinking Skillsを高めることにもつながると考えられている指導法です。また，言語教育の側面からだけではなく，学習者の自律的な学びを生み出す教育手法としても注目されています。

　CLILの特徴である4つのCを新しい学習指導要領で掲げられている育てるべき資質・能力の3観点から考えると，以下のような位置づけになります。

　①**知識・技能**……基本的知識・技能，教科を超えてつなげられる立体的な知，デジタル・ICTリテラシー等
　②**思考力・判断力・表現力等**……批判的思考力，創造性と起業力，コミュニケーション力，問題解決能力，社会性等
　③**学びに向かう力・人間性等**……態度・価値観，人生観，職業観，倫理感，情緒等

　①と②を育成することを通して学習者の「ものの見方や考え方」が深まり，③が形成されることになります。その際，思考との関連の深い言語活動は，学び・思考を深めるために重要な役割を果たすことになります。つまり，豊かな言語活動こそが，③の学びに向かう力・人間性等の深まりにつながる教育であるといえるでしょう。

　例えば，コミュニティが抱える問題解決がテーマとされた場合，学習者は必要な情報を収集し，問題の要因を調査し，分析・分類することによってその解

決策を考え，実行のための計画や実施方法について提案をする学習活動を行うことになります。この活動は，学習者に課題に関する意識を高めるだけでなく，関連するさまざまな問題についても深く考える機会を提供するはずです。提案をしたり議論をしたり報告書等を書いたりする表現活動を通して，学習者自らの考えが深まるだけでなく，教室での対話的な学びによって，達成感や自己有用観，自尊感情，自分の将来のキャリアについての考えを抱くようにもなることが考えられます。さらには，コミュニティへの働きかけの意志や自律的な学習者としての姿勢が育つことも期待されるのです。

　また，発信活動に至るまでには，それぞれの問題の内容の理解だけではなく，専門的な用語や表現，必要となる言語技術の習得が求められます。このように，手に入れた知識・概念を既習の他の知識・概念とつなぐことによって現実の社会で起こる問題解決に関わる言語活動が生まれることで，結果として高いレベルの言語運用能力が育成されるはずです。学習者が知識，技能，思考，経験を言語活動によって紡ぎあげることによって，自らが所属する地域・社会・世界で起こるさまざまな事柄への「見方・考え方」を広め，深める教育となるからです。

(2) 指導と評価の一体化

　CLILが言語能力の育成だけではなく，内容理解の深まりや思考スキルの育成もあわせて目的とするのであれば，その両面において評価はなされるべきだといえます。残念ながら，これまで日本の小学校でCLILの授業として紹介されてきた実践においては，評価規準にその両方の視点が明示されているものは多くありません。「言語・文化への気づき」として日本との違いを扱ったり，他教科の内容に関連する語句を使用したりする指導は見られても，主体的，あるいは，対話的な学びから生まれた「気づき」を大切にする授業は少なく，「与えられた知識」の習得止まりになってしまっていることがほとんどです。

　CLILの特徴とされる4つのCについても，他教科と連携した英語授業としてこれまでに実施されている授業内容や指導方法と大きな違いは見られません。CLILの定義を広げて解釈しているといえばよいのかもしれませんが，少なく

とも，各活動に対する評価規準は内容理解と言語の両方から考えられるべきであり，また，4つのCのどの力がどれくらい育ったのかを意識する必要もあるはずです。今後，思考力・認知面における変容，その変容を導く指導と評価の在り方，望ましいCLIL指導の条件の明確化が求められます。

(3) CLILにおける教師の役割

「教育課程部会 言語能力の向上に関する特別チーム」審議の取りまとめにも「言語能力は，国語科や外国語活動・外国語科のみならず，全ての教科等における学習の基盤となるものである」という記述が見られます。今後，科学的，分析的，論理的，批判的，創造的な思考能力の育成を進める系統性のある言語教育カリキュラムの構築が期待されるところです。

一般的に外国語教師に求められる資質・能力といえば，目標言語に関する知識や高い言語運用能力ですが，教材開発能力や指導技術も重要です。特にCLILによる指導を実施するには，4つのCを育成する過程において，さまざまな視点からの教材開発や，学習者が自律的に学ぶ習慣を身につけさせる指導が重要となります。CLILの指導者に求められる大切な資質・能力は，目標言語の運用能力だけではありません。また，知識や答えを与える教師主導型の指導ではなく，学習者中心の授業作りを進める専門的知識と技能であると考えます。学習者が主体的に知識や正解を求めたくなるような手立てを講じるとともに，主体的な学びに導くための教材の開発，その選択・配列・提示，学習形態，そして，学習者自身の主体的な学びの省察を促す評価の工夫が必要です。学習者がさまざまな受信・産出活動を行う学びの機会を提供し，descriptionからexplanation, monologues, dialoguesの段階を踏ませた発信活動を行うことで，言語運用能力の育成に加え，学習者を深い学びへと誘うことが可能となります。

授業の目的を言語運用能力の育成を中心に置くのか，テーマ・内容に関する認知・理解を深めることに重点を置くのかの判断については，指導者，指導内容，学習者の認知発達段階，目標言語の運用能力によって変わることが考えら

れますが，その成果に指導者の教材開発能力や指導技術が大きく関わることに変わりはありません。また，形成的な評価につながる，学習者自らが行う継続的な振り返りこそが重要となります。

(4) 小学校英語教育におけるCLILの可能性と留意点

小学校段階においては，普段から全教科を担当する担任教師による指導と教材開発が進められており，多様な優れた教材や指導例が見られます。中学校の英語教員とは違う視点からの新しい教育実践が期待できるといえるでしょう。学習者の発達段階にふさわしい，児童の身近な題材を取り入れることで，外国語を学ぶこと，コミュニケーションをとること，自身と異なる文化にふれること，また，他教科で学んだ内容・知識を紡ぎながらものの見方や考え方が深まる点において，CLILによる取り組みの可能性は大きいといえます。

このような期待の反面，児童の限られた外国語による言語運用能力を考慮すれば，簡単に実施できる教育であるということはできません。他教科の内容とのクロスカリキュラムをていねいに構築していかなければ，表面的なCLILの実践で終わりかねません。また，CLILということばにはイマージョン教育と重なるイメージがあり，英語だけで教える授業と誤ってとらえられてしまい，難しい教育方法であると考えられがちです。全教科を担当する小学校教員だからこそその取り組みに期待したいところですが，手を出しづらくなっているようにも思えます。そのような誤解が生まれないように，CLILと呼ばずに，「他教科の内容と関連した英語授業」と考えた方が，小学校における実践を進める上ではふさわしいのかもしれません。今後，日本の教育環境に適したCLILの実践が広がることが期待されるとともに，教員養成機関における，CLILが担当できる教員の養成や教材開発の新たな取り組みが望まれます。　　（金森　強）

＊本稿には，科学研究補助金基礎研究「グローカル時代の外国語教育―理念と現実/政策と教授法―」（研究代表者：吉島茂，JSPS科研費研究22242015），「多言語・多文化に開かれたリテラシー教育についての研究：日本の言語教育への提言」（研究代表：福田浩子，JSPS　科研費研究23520661）および「多言語・多文化に開かれたリテラシー教育についての研究：教員養成と初等教育を中心に」（研究代表：福田浩子，J SPS 科研費研究 26370722）におけるスイスの現地調査の成果も含まれている。

Report ⑥

他教科連携の授業への期待と提案
（CLIL的な取り組み）

　外国語活動・外国語科の指導をする上で，カリキュラム・マネジメントを踏まえた他教科の指導内容との連携の方法・工夫は，さまざまな角度からのアプローチが可能です。英語科教員（専科教員）が教える中学や高等学校と違い，1年生から6年生までの6年間，多くの教科を担任一人が指導する小学校だからこそ，できる取り組みが多くあります。

　小学校で初めて「英語」を学ぶ児童にとって，母語である国語の学習内容や，他教科の既習事項を英語学習に活用することは，多くの面で相乗効果があると考えられます。新学習指導要領を踏まえ，他教科との連携を図った内容を英語の指導に取り込むことで，児童に一層の興味・関心を与え，既習事項の活用による安心感を持たせることができるだけでなく，学習内容を異なる教科で複数回指導することの利点もあります。この項では，具体例を交えながら，授業作りを提案していきます。

　まず，他教科との連携について，英語の指導に関連づける手法としては，主に3つの視点が考えられます。

1. 国語や他教科で出てくる，関連する語彙・用語を盛り込む視点【難易度：低】
2. 国語や他教科の学習活動（題材）や内容と関連づけたり，それを取り入れたり，発展させたりする視点【難易度：中】
3. 家庭科や体育，図工などの実技教科で，既習事項も含め，発展的内容として授業に英語を取り入れる視点【難易度：高】

　それでは，それぞれの視点について，具体例を交えながら説明していきましょう。必要に応じて，項目ごとに例（例：）や留意点（留：）も示してあります。

1．国語や他教科で出てくる，関連する語彙・用語を盛り込む視点

　すでに学習した，または，これから学習する予定の他教科で扱う平易な語彙

や用語，短い語句を英語に置き換えたり，話題にしたりして，関連づけた指導を行う手法です。具体的には，以下のような内容が考えられます。

① 文字の成り立ちや意味について，漢字ができ上がるまでのプロセスを引用し，アルファベットができるまでのプロセスをクイズ形式にするなどして取り扱う。（例：アルファベットのAが，牛の顔をもとにできていることなど。）

② 国語や生活科，道徳などで取り扱われる「挨拶」について，いろいろな国の挨拶のことばや挨拶の仕方を比較する。
（例：教科書に付属のデジタル教材等に各国の挨拶の映像などが用意されていれば，活用できる。）

③ 文字の導入に際して，既習事項のローマ字にふれ，アルファベットの発音や英文と比較しながら，指導する。
（留：ローマ字を引用する際は，ヘボン式の方が世界標準だが，小学校では英語学習の前に，訓令式が浸透しているので，アルファベットや英語の読みとの違いも踏まえ，児童が混乱しないように説明する必要がある。）

④ JISやWHOなど，社会科や家庭科などで習う略号や，UFOなど身近な略号を提示し，3ヒントクイズなどの形で導入に活用する。
（留：略号に使われている単語は，難しい語が使われていることが多いので深入りしない。）

⑤ 理科で扱う雲や天気の単元と関連させ，sunnyやcloudyなど，写真や絵を使いながら天候の英語での表現に少し幅広くふれる。
（例：学習後，毎回の授業の導入で，今日の天候を聞く質問を取り入れる。）

2．国語や他教科の学習活動（題材）と関連づけたり，それを取り入れたり，発展させたりする視点

すでに学習した，または，これから他教科で扱う教材・題材を関連づけ，授業内の活動（調べ学習や発表など）に取り入れた指導を行う手法です。具体的には，以下のような内容が考えられます。

① 国語で扱う主語・述語の関係を引用し，英語の語順との違いを考えさせる。
（例：日本語の文，英語の文を構成する語をカードにして，正しい順番に並べ替え

るゲームなどを，視覚的にわかりやすいように工夫しながら行う。)
②国語の授業で，すでに扱った物語を英語で読み聞かせる。
　(例：多くの教科書で扱われている「ごんぎつね」など，児童がよく知っている題材を取り上げ，いくつかの表現を対比させるなどして，違いを説明する。)
③算数で扱う時刻や時差と関連させて，英語での時刻の言い方を指導し，各国との時差について，質問形式で取り扱う。また，一日の生活時間を例にとり，〇時に何をするのかを表現させる。
　(例：Los Angeles が〇時のとき，日本は何時かを問う。朝食や勉強などのジェスチャーをして，それをしている時刻を英語で伝えながら，何をしているのかを互いに当てる。)
④社会科や生活科で扱う学校探検や地域探検で行った場所（建物や教室）を英語でどのように表現するかを扱う。
　(例：班ごとに実際にその場所へ行き写真を撮るなどして，英語を使った地図を作成し，発表する。)
⑤社会科や生活科，総合的な学習の時間で扱う地域行事・イベントについて，平易な英語で説明する。
　(例：班ごとに行事・イベントを選び，映像や写真を補助資料として使いながらALTにプレゼンテーションを行う。)

3　家庭科や体育，図工などの実技教科などで，既習事項を含め，他教科の授業に英語そのものを取り入れる視点（発展的内容として）

　他教科の学習活動において，教師が英語を用いて行ったり，児童が英語を使って活動したりする授業を行う手法です。具体的には，以下のような内容が考えられます。
①体育の授業で，平易な指示やすでに使われている英語での表現を多く使う。
　(例・留："Ready. Go!" など，普段聞き慣れている指示を中心に使用する。ただし，「ドンマイ！」＝ "Don't mind!" のように誤った表現が通用していることもあるので，確認する必要がある。正しくは "Never mind!")
②図工の授業で，自分の作品をテーマに沿いながら平易な英語で説明する。

（例：自分が将来なりたい職業をテーマにした作品をShow & Tell方式で発表する。）
③家庭科の調理実習で使う用語（炒める・煮るなど）を英語でどう表現するか指導し，英語を使いながら実際に料理（ご飯やみそ汁，おかず）を作る。

ここで，家庭科の授業につながる英語の指導について，実際に行われた１単位時間の授業の学習指導案の一部（抜粋）を掲載します。

指導案例 （提供：東京都昭島市立武蔵野小学校　河本あゆか教諭）

指　導　内　容（※は評価）	留　意　点
（導入部省略） めあて：欲しいものをたずね合って，お気に入りのMyクレープをつくろう！ 〔Production　コミュニケーション〕 ◆デモンストレーションを見て，活動のイメージをもつ。 ◆食材カードを交換してMyクレープをつくる。 ①全員ランダムに３枚ずつ食材カードをもつ。 ②"What would you like?"を使いながら食材カードを交換し，欲しい食材を集めていく。 ③時間内は交換し続け，Time-upの時点で手元にあるカードがMyクレープの具材となる。 ④これを何度か行い，いくつかのMyクレープの中から，Best of Myクレープを選ぶ。 ※相手意識をもって，ていねいな言い方で欲しいものを尋ねたり答えたりしようとしている。（観察） 〔Review　本時の振り返り〕 ◆班ごとにMyクレープ紹介をする。 一人ひとりのBest of Myクレープを紹介し合い，班でひとつ，実際に作るクレープを選ぶ。 ◆めあてを振り返る。 ◆挨拶をする。 "See you next time.　Good bye!"	・デモビデオを見せながら，活動の注意点を確認する。 ・欲しいカードがそろっても，時間内は交換し続けるというルールを設け，コミュニケーションの回数を確保する。 ・紹介されたクレープに対して，Good, Niceなどコメントができるよう促す。

※　この後，家庭科の授業で実際にMyクレープを作る。

（吉村達之）

11 国際理解教育，グローバル教育の視点を生かした授業作り

　私たちは毎日の暮らしの中で，食べる物や身につける物などを通して多くの国とつながっています。そして世界にはさまざまな文化があり，この多様性を大切にしながら，母語や外国語を用いて多くの人たちとつながっています。訪日外国人の数も年々増加し，平成28（2016）年の1年間で2400万人を超えました。人や物，情報を通して，ますます出会いや関係性が増えると同時に，国家間の相互理解のもと，環境問題，平和構築，貧困問題等，地球規模の問題も解決していかなければなりません。外国語の学習を通して，ことばや異なる国・文化について知識として知るだけでなく，違いと同時に人としての共通性も認識しながら積極的に関わっていく力を養うことが急務です。本章では，「国際理解教育」「異文化理解教育」について，その定義と概要，小学校外国語活動・外国語教育との関連，小学生の発達段階に応じた視点等にふれたいと思います。

(1) 国際理解・異文化理解教育と，英語・外国語活動

　国際理解教育の推進については，第2次世界大戦後，ユネスコが大きな役割を果たしてきました。ユネスコは憲章の前文で，国際社会の相互理解の不足が戦争の原因になったとして，他国・多文化理解が重要であると指摘しています。ユネスコでの国際理解教育の名称は，「世界市民のための教育」「国際理解と国際協力のための教育」「国際理解と平和のための教育」などの変遷を経ていますが，その軸は，他国・多文化の理解や相互依存関係の理解，人権や多様性の尊重を基盤にして国際的に平和な社会を形成する市民を養成するための教育と呼ぶことができるでしょう。

日本の小学校において英語活動が広く行われるようになったのは，平成10 (1998) 年改訂学習指導要領に設けられた「総合的な学習の時間」の中で国際理解に関する学習の一環としての外国語会話等が始まりでした。その後，現行の学習指導要領改訂の背景としても「知識基盤社会化やグローバル化は……異なる文化や文明との共存や国際協力の必要性を増大させている」ことが言及され，外国語活動の目標には「言語や文化への気づき」が含まれることになります。新学習指導要領では，「外国語によるコミュニケーションにおける見方・考え方を働かせる」ことが重視され，ことばとしての日本語と外国語の違いへの気づき，知識理解とともに，「外国語の背景にある文化に対する理解を深め，他者に配慮しながら，主体的に外国語を用いてコミュニケーションを図ろうとする態度を養う」ことが明記されています。

(2) 国際理解・異文化理解・異文化間能力

　教材の選び方のポイントとして新学習指導要領では「多様な考え方に対する理解を深めさせ，公正な判断力を養い豊かな信条を育てる事に役立つこと」「我が国の文化や，英語の背景にある文化に対する関心を高め，理解を深めようとする態度を養うことに役立つこと」「広い視野から国際理解を深め，国際社会と向き合うことが求められている我が国の一員としての自覚を高めるとともに，国際協調の精神を養う事に役立つこと」があげられています。
　国際理解教育を推進しているユネスコは，その理念である「平和の文化」実現のために求められる「異文化間能力」の階層性とその活用に向けた実施プランを一本の木に例え，視覚的に概念化した「異文化間能力ツリー」を提示しています。その能力の源となる根の部分に「文化」（アイデンティティ，価値観，態度，信条・信念）と，「コミュニケーション」（言語，対話，非言語行動）があり，根から伸びる幹には，「文化多様性」「人権」「異文化間対話」が据えられています。幹から伸びる枝の部分には，それを実現するプランとして，「異文化間能力の明確化，教授，促進，実行・支援」が伸び，さらに葉の部分には

「知識」「スキル」「創造性」「柔軟性」のほか，異文化間のコミュニケーション能力，責任感，さらには「あたたかい考え」なども含まれています（松尾・森茂，2017）。

(3) 国際理解・異文化理解へのアプローチ

　国際理解・異文化理解は，自分ではない他の人のこと，他の国・文化に気づき，理解を深めていく過程を踏みます。小学校段階における国際理解教育で留意すべき点は何でしょうか。

　発達段階に応じて異文化能力を説明している塘（2017）は，低・中学年が含まれる幼児期後期～児童期中期（約5～9歳）において，9歳前後には相手の視点から考えることができる段階に入るので，「異文化」を相対的にとらえ，共感的な態度を取ったりすることが徐々にできるようになると指摘しています。同時に，具体的に視覚化されないと「異文化」をとらえることが難しい認知的特徴があるため，可視化されない「異文化」は周囲の大人が言語化することが必要となります。また身体を通して体験的に理解する傾向があるため，劇や遊びの中で異文化を身体化したり，歌や絵にして子ども自身が視覚化，聴覚化したりすることが求められます。さらに肯定的な自己の在り方が「異文化」への信頼性を作っている段階であることも言及されています。

　高学年を含む児童期後期～青年期前期（約10～15歳）になると，否定的な知識から相対化を促す客観的なものまで，さまざまな知識を学べるようになります。同時に，この時期は所属する集団への帰属意識が強くなり，多数派とは異なる行動をする子どもを排除する傾向が強まります。「排除してはいけない」という認識はすでにもっている一方で，感情的には受け入れられないという傾向が見られ，認知と，感情や行動領域とのずれが生じるため，単に知識として異文化を理解させるのではなく，「異文化」への共感的，体験的な理解を意識して強化することでバランスを保つ必要性があるといえるでしょう。

(4) 言語学習で育む国際理解・異文化理解の視点

　お客様を温かいお茶で迎えるのが日本の普通のおもてなしですが，英語圏ではWhat would you like to drink?と相手の好む飲み物を訪ねるところから始まります。このような文化的な違いが言語に現れており，自分たちが当たり前と思っていることが実は万国共通ではないことに気づく瞬間にもなります。

　言語上に現れる異文化に気づく機会は，子どもたちに言語・文化の相対性にふれる機会を与えるとともに，学ぶことへの動機づけにもつながります。また，直接交流体験では，コミュニケーションがうまくいかないときに身振りなどさまざまな工夫をしながら意思疎通を図ろうとする工夫が生まれ，違いを超えてお互いの関係を築こうと努力する主体的な態度が芽生えるきっかけにもなります。違いがあることに気づき，違いを超えて一緒に何かを成し遂げる体験を持たせたりお互いが工夫をして意思疎通を図る機会をもたせたりすることで，主体的で対話的な学びを通した「知識」は実際の社会と結びつき，自律的な学び手としての「姿勢・価値観」を育むことにつながります。まずは，隣の人の発話に耳を傾け，理解しようと努力すること，お互いを尊重し合いながら協力して何かを成し遂げることができるようにすることが国際理解・異文化理解の第一歩となるはずです。

(5) 終わりに

　学習者の発達段階に応じて学習方法や形態を工夫しながら，ことばを知識・スキルとして学ぶだけではなく，英語学習を通して，さまざまな国や文化を知るとともに，人間としての共通性や自分や日本社会のことを再認識できることが大切です。さらに，地球規模で解決すべき課題も段階に応じて少しずつ意識させるようにしながら，さまざまな文化的背景を持つ人たちと積極的に関わっていく態度を養えるような授業・指導の視点が大切となります。　（大谷みどり）

Report ⑦

指導と教材の工夫例

1．国際理解教育・グローバル教育と外国語教育の接点

　グローバル化やテクノロジーの急速な進歩を遂げる現代社会において，コミュニケーション能力の育成に加えて，社会の変化に柔軟に対応できる「生きる力」の育成が求められています。新しい知識・技術を獲得する能力と自ら学び続けることのできる態度の育成はもちろん，人権や環境問題等のグローバルイシューに対応するための「共生の態度」を育むことは，今後一層重要となるはずです。「共生の態度」を育むには，児童生徒に多様な体験をさせ，物事に対する見方や考え方を広げ，新たに得た考えや思いを自身のことばで表現したり，他者と関わったりすることが必要であると考えられています（中央教育審議会，1996）。また，良好な人間関係の構築には，自尊心や他者理解が重要であり，これらの力はコミュニケーションを通して築かれるものでもあります（天城，1997）。

　平成29（2017）年に生まれた日本人は109歳まで生きる確率は50％といわれ（Gratton & Scott, 2016），自分とは異なる文化的バックグラウンドを持った人，また，世代を超えてさまざまな人たちとコミュニケーションを持つ能力が必要となります（村松・金本，2006）。外国語教育は，普段日本語でのやり取りでは気づき難い，人とつながる喜びや，コミュニケーションのおもしろさなどに気づくことを可能にさせます。同時に，コミュニケーションを持つことが，問題解決のための大切な道具であるということを体感させてくれる機会になることも期待されます。

　国際理解教育・グローバル教育のコンテンツを外国語教育において用いることは，このような気づきや体感を促すために大変効果的です。ただし，どのように利用するかが大切なポイントになります。単に，外国文化の物珍しさのみに焦点を当てた指導や，断片的知識により固定観念が生まれる授業は避けなけ

ればなりません。国際理解教育・グローバル教育の目標は人権・自文化・異文化を尊重しながら，グローバルな視点を持つことです。また，特に大切になるのは，自尊感情を高める指導の工夫だといえます。自尊心があるからこそ違いを認めることができ，「共生の態度」が育まれるからです（古賀・飯沼，2009）。指導においては，教えるのではなく，観察・省察・議論等のさまざまな活動形態を用い，児童生徒が大切なことを自ら発見するように促すことで主体的な学びにつなげるようにします（佐藤・林，2005）。導入活動で児童生徒の興味・関心を高め，問題意識を持たせ，展開では児童生徒が実際に知識を課題解決のために用いつつ試行錯誤しながら取り組ませ，自分の思いや考えを表現したり他者の意見に耳を傾け議論したりする活動を設けることが重要です。

2．画像1枚から自尊心を高める活動へ

「水の人権」については，すでにいろいろな教材が作られており国際理解教育・グローバル教育の代表的なコンテンツになっています。ただし，水道がない地域で子どもがバケツで水汲みをしている画像を見せて，「外国の子どもたちは何キロも歩いて水汲みをしていてかわいそう」「日本にいる私はラッキー」という感想で終わってしまうような授業であれば，「共生の態度」が育まれたとはいえません。例えば，教師が「この子は誰のために水汲みをしているのか」と問いかけ，「家族のため」という結論に達するまで練り合いを行います。自分たちの生活との違いに気づかせ「家族」に対する意識を高めた後で，ALTの国では家族のためにどんな役割を果たすのかについて，例えば以下のように紹介してもらい，自分たちが家族にできることを考えさせます。

My mother can cook delicious dishes. She can clean the kitchen very well.
My brother can cook Chinese food. He can fix flat tires.
I am good at mowing the lawn. I can clean my room on Sunday.

児童生徒にとって自分の家では誰が家事をしているのか，自分にできることはないかを考えるきっかけにします。ここで，canを使った表現につなげる活動を行うと，考えたことを表現したくなるはずです。家族への感謝の手紙を書くために必要な表現は何かを主体的に考え，また，友だちはどのような内容を

書いたのかを予測することが起こり，コミュニケーション活動への興味も高まります。内容や使用した英語について振り返る機会を与え，修正する機会を与えると，よりよいものにしようと工夫をして取り組んでくれます。日本語だと照れくさくてできないことでも，英語にしてみると書いてみたいという気持ちが生まれるようです。

　このように言語材料に国際理解教育・グローバル教育等の視点を加えることで，can を使って自身について表現するだけで終わらず，新たな「ものの見方，考え方」を広げながら，豊かな表現活動につなげたり，自尊心を高める活動にしたりすることも可能になります。

3．タスクで自文化の尊重を育む

　児童・生徒の起床から就寝までの生活・行きたい国・自分の町（例：郵便局の場所）について発表をする活動を見る機会が多くありますが，ちょっとした工夫でコミュニケーションの見通しを持った必然性のある活動に広げることが可能になります。例えば，単元目標を「ALT のために地域のおすすめ観光ツアーの計画を立てる」ことにするだけで，児童が英語を使用する必然性も高まり，真のコミュニケーション体験が可能になります。

　児童は ALT に紹介したい地域にあるスポットの一日ツアーを計画します。You get up at 8:00. You go to the central park at 10:00. などのような表現を使用し一日のスケジュールを作りますが，その際，紹介する地域を調べたり，ALT の好みなどを質問したり，企画を立てたりする中で主体的に学ぶことになります。ALT に向けたツアーのプレゼンテーションでは，自分の企画を友だちの企画と比べて振り返ったり，フィードバックをもらったりすることで，自分の企画を改善することになります。多くのコミュニケーション体験を持ちながら，自分の価値観・考えのみで判断しないことや相手の立場に立って考えることの大切さを感じる機会にすることができます。同じ言語表現に何度も出会えるように教材の配列を工夫することで，語彙やフレーズに慣れ親しみ，自己表現活動につなげることがポイントです。

4．外国絵本で環境問題に意識を向ける

　国際理解教育・グローバル教育のコンテンツとして「自分を知る」や「環境との共生」などのテーマが取り上げられます。Weiss氏の*Hannah and the Talking Tree* (Free Focus) では，主人公Hannahの耳が大きい理由でいじめられますが，ある日，他の人が聞こえないことまで聞こえることに気づきます。Hannahが伐採されそうな木と話をし，まわりに新しい木を植えてあげることでその木を孤独から救うという，環境問題の意識や自尊心を高めるストーリーです。

　絵本を読み聞かせ「木を大切にしましょう」と教えるだけでは児童の問題意識は生まれず，主体的な学びは期待できません。まずは，テーマを子どもたちの身近なところに持ってくることから始めることが大切です。例えば，金森（2002）が紹介しているように，顕微鏡で拡大した木の繊維・細胞を見せたり，木の成分から作られているメープルシロップやガムを紹介したりすることで，児童と木の心的距離を近づけ，今まで意識しなかったことに興味や関心を高めることができます。他教科連携の活動として，英語で植物の部位やその成長過程について学ぶこともできますし，学校敷地内にある卒業生が寄贈した木や珍しい植物についてThree Hints Quizを行ったり，ALTに花壇の花の種類を紹介するキャンパス・マップを作成したりなど，さまざまな言語活動をしかけることも可能です。

　こういった活動は，子どもの環境を守りたいという気持ちを育てることにもつながります。

5．外国語教育を通した国際理解教育

　国際理解教育・グローバル教育と外国語教育の接点は，「共生の態度」を築くためのコミュニケーションの体験的な学びにあるといえます。児童・生徒が自分や他者のよさに気づくとともに，いろいろな人と関わりたいという気持ちを持ってくれることができたら，外国語を学び世界の人たちと一緒に課題を解決し，共生していくための能力育成につながるはずです。「共生の態度」を育成することは，外国語教育のひとつの大きな目標であるともいえそうです。

（福田スティーブ利久）

Report ⑧

国際理解教育の視点での歌の活用

1．英語の手話

　英語の歌を授業で扱う場合，低学年や中学年では歌詞の意味やしぐさを表すジェスチャーをつけて歌うことで，その活動そのものを「楽しい」と感じます。しかし，高学年になると，歌を歌ったり動作で表現したりすることが恥ずかしいと感じるようになります。また，歌詞の中に言語や文化に関する何らかの「気づき」や歌詞の内容に心を動かされるなど，メッセージ性のある歌が求められるようになります。

　英語の手話は，ジェスチャーではなく，一つの言語です。英語の手話にふれる体験を通して，日本語や外国語と同様に，手話をことば（言語）としてとらえ，人々と関わるためのコミュニケーションの手段であることの理解を深めてほしいと思います。

2．アルファベットの手話

　手話は世界共通ではなく，英語圏でもイギリスとアメリカでは異なります。ここでは広くアメリカ合衆国やカナダで使われている手話（American Sign Language　以下，ASL）を取り上げます。ASLのアルファベットの指文字は，その形を指で表していて容易に推測できるものもあるので，アルファベットの復習として，指導者がC, I, J, L, O, V, W, Y, Zなどのサインを見せて，"What letter is this?"と問いかけるクイズで導入をするとよいでしょう。

　次に，"I love you."サインを見せて，"Do you know this sign? Can you find three alphabets?"と尋ね，I, L, Yの3つのアルファベットが組み合わさってできているサインであることに気づかせます。このサインは世界中に広まっている手話であり，日本でもSNSのスタンプやロゴなどいろいろなところで使われており，児童にも見覚えがあるかもしれません。

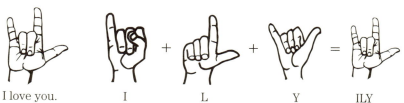

I love you.　　　　I　　　　　L　　　　　Y　　　　ILY

　なお，ASLアルファベットは，さまざまなサイトの中で動画つきで掲載されています（例：https://www.startasl.com/asl-alphabet_html）ので，児童も簡単にアルファベットの指文字に取り組むことができます。

3. ASLアルファベットを使った歌　～*Bingo*～

　ASLアルファベットを使って，おなじみの*BINGO*の歌を歌ってみましょう。まず，B, I, N, G, Oの5文字の指文字のサインを練習します。

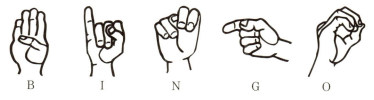

B　　　　　I　　　　　N　　　　　G　　　　　O

　次に，歌詞のB-I-N-G-Oの部分を歌うときに，指文字をつけて歌います。
　　There was a famer had a dog and Bingo was his name-oh.
　　B-I-N-G-O.　B-I-N-G-O.　B-I-N-G-O.
　　And Bingo was his name-oh.

〈発展編〉
　児童が自分の名前をアルファベットの指文字で表します。慣れたら，*Bingo*の替え歌で，指名された児童が自分の名前の部分を指文字を交えて歌います。
　指導者：There is a boy（girl）in this class and Keita is his（her）name-oh.
　児童：K-E-I-T-A. K-E-I-T-A. K-E-I-T-A.（指文字を示しながら）
　指導者：And Keita is his（her）name-oh.

11　国際理解教育，グローバル教育の視点を生かした授業作り　123

https://www.sampletemplates.com/business-templates/sign-language-alphabet-chart.html

4．言語による手話の違い

　手話は，小学校の国語の教材や総合学習のテーマとしてよく扱われており，音楽会などで日本語の手話をつけて合唱している学校も多く見られます。

　日本語と英語が異なる言語であるように，日本語の手話と英語の手話が異なっているのを知ることは，手話が一つの言語であることを認識するのに役立ちます。よく知られている日本語の「ありがとう」の手話と"Thank you."のASL手話は，以下のように異なります。

5．ASLを交えて歌う英語の歌

　高学年に適したメッセージ性のある歌の歌詞のキーワードにASLの手話をつけて，そのメッセージがより多くの人たちに届くように歌ってみましょう。

> *Open Your Heart*
>
> <u>Open</u> your heart. <u>Open</u> your mind.
> Now you can <u>see</u> the world.
> <u>Listen</u> to the music from your heart.
> <u>Sing</u> the song with your friends.
> <u>Feel</u> the sun. <u>Feel</u> the wind.
> Now you can <u>see</u> the world.
> <u>Listen</u> to the music from your mind.
> <u>Sing</u> that song with your friends.
> La, la, la, la, la, la. We live in this beautiful world.
> La, la, la, la, la, la. We live in this beautiful world.

（金森強(監修)『歌っておぼえるらくらくイングリッシュ2』　成美堂）

①指導者はCDをかけ，児童に馴染みのある動作を表すことば（動詞）を聞き取るように促す。

②児童が聞き取れた語彙を黒板に書き出す。

③指導者はあらかじめオンラインのASL辞書＊で調べておいた動詞の手話を見せて，どの動詞か児童に推測させる。例えば，openの手話を見せて"What's this?"と児童から答えを引き出した後，全員で"Open, open"と言いながら手話を繰り返す。see，listen，sing，feelも同様に行う。

＊オンラインASL辞書の例
https://www.signingsavvy.com/
https://www.handspeak.com/word/

④動詞に慣れたら，キーワードとなる名詞（heart, world, friendsなど）の手話も加えて歌う。worldの手話は，両手で示した指文字のWを地球を表すように動かすなど，児童からの気づきや発見を引き出しながら進めます。

（多田玲子）

12 特別支援, ユニバーサルデザインの視点を生かした授業作り

　教室には, さまざまな特性を持った児童・生徒がいます。学校の規模にもよりますが, 仮に, 1クラス10数名程度の人数のクラスであったとしても, 一斉授業の形式で, クラス全員の特性に合わせた授業をそつなく行うことは, ベテランの先生でも困難なことです。一方で, 近年, 児童・生徒一人ひとりの認知スタイルや社会的スキルといった個性を生かすべく, さまざまな特性を考慮した学習環境設計, すなわちユニバーサルデザイン (UD) の視点を生かした授業作りが注目を集めています。特別支援の視点を取り入れたUDによる授業デザインは, 児童・生徒の学びの質保障という観点からも, 重要な授業作りに示唆を与えてくれます。当然のことながら, UD化された授業ですべてがうまくいくわけではありませんが, UDを念頭において教材研究や授業中の手立てを考えることで, どのように子どもたちの困り感を低減し, また得意とすることを伸ばしていけばよいのか, という手立てのヒントが得られます。将来, 自立して社会に出る子どもたちの姿 (将来像) をイメージしながら指導したいものです。

(1) 授業のユニバーサルデザイン化の意義

　授業のUD化については, 教科を問わず, 近年, さまざまな実践事例とその効果が報告されています。入念な準備が必要となりますが, 基本的には, 当該授業が誰にでもわかりやすい, そして, 実は, 先生も授業しやすいものになるということがいえます。なお, さまざまな報告を概観すると, 次のような3つの効果があることがわかります。1つには, 児童・生徒一人ひとりのさまざまな学びのスタイルやプロセス, そしてその先となる将来像を意識した教材研究

ができることです。次に，特に担任の先生が目の前の児童・生徒に意識を向けているので，教科や活動間の内容に関連性を持たせた指導が促進されるということです。最後に，指導者にとっての授業のUD化がなされることで，特定の先生，例えば，「授業が上手な先生」だけができる授業や指導ではなく，その指導内容と指導スキルが校内の先生にスムーズに共有できるようになります。すなわち，児童・生徒をよく理解してていねいに練られた授業や指導方針は，校内外の先生にも，その手立ての理由や意義などに十分な説明力があるので，わかりやすいものになるといえるのです。

(2) 特別支援・ユニバーサルデザインの視点を生かした授業の特徴

　UD化された授業では，児童・生徒一人ひとりの特性に応じた工夫が教材や教室環境に見られ，また授業中は，指導上の手立てがうかがい知れます。すでに小学校の外国語活動や中学校の外国語（英語）科でなされた取り組みから特徴を洗い出してみると，次の２つに集約されます。

- 理解支援（聞き取りや読み取りといった受容能力に関わる支援）
- 発話支援（話したり，書いたりといった産出能力に関わる支援）

　これら２つの特徴には，情報保障と拡大・代替コミュニケーションに関わる合理的配慮のほか，自助資源の活用型指導（例えば，優位な認知特性や得意なことを生かすことができる指導）という３つの特別支援の視点が見受けられます。具体的に見ていくと，理解支援は，児童・生徒が得意とする認知特性（継次処理・同時処理）に着目し，例えば，１コマずつの絵で順番に示すものと，４コマ漫画のように一度にストーリーを提示するものと２つ用意しておき，児童・生徒が読みやすいものを選ぶことができるようにする方法などです。また，配付資料の色使いを制限したり，表現を簡潔にしたり，視覚情報をコントロールすることで，注意散漫になりにくく，集中力が持続しやすいといった効果をねらうことができます。さらに，スモールステップで活動内容をていねいに提

示すること（ICTによる視覚化や教室の前でデモンストレーションするなど）で，段階を追って，理解を促すことができます。発話支援は，さまざまな理由で，発話が困難な児童・生徒に，例えば，筆談やコミュニケーション支援ボードでの指さしによる応答，あるいはタブレット型端末等を活用した代替音声出力など，意図や感情を表出できるように選択肢を用意するということです。その他，発話の場を「ペア→グループ→教室全体→学年全体」など，順番に大きくしたり，事前のリハーサルを重ねたりすることで，練習の効果による自信の向上と人前での発表に対する不安の低減をねらうことができます。

(3) さまざまな手立てのためのアセスメントの重要性

特別支援学級に在籍する児童・生徒の多くは，個人の特性を正しく評価するために，心理的検査を受けることがあります。例えば，WISC-IVやK-ABCIIなどです。これらの検査により，さまざまな視点から児童・生徒の認知的特性を理解できるようになります。ワーキングメモリーの多寡や，言語能力の高低，視覚刺激処理の速度などです。こうした特徴から，どのような教示がその児童・生徒によって理解しやすいかということを考え，教材や授業の進め方を決めていくことで，UD化につなげることができるといえます。こうした検査からは，日常生活からはわからない言語能力を知ることができたり，うまくいかなかった手立てや支援の原因をさかのぼって理解したりすることもできるのです。通常学級の児童にはなかなか検査をする機会はありませんが，こうしたアセスメント結果による手立てや授業デザインは，多様な子どもたちの支援において重要な視点を与えてくれます。具体的には，絵や写真，実物，あるいは動作などの視覚的な情報を併用して伝えることで，ことばによる聴覚情報と具体物による視覚情報の相補的な機能を生かし，学習内容の概念化を促進するよりよいサポートを提供できたりします。上記のような検査等で得られた結果から，言語理解に困難を抱える児童・生徒への学習支援はもちろんのこと，すべての児童・生徒にとっても有効な支援となり，授業のUD化の視点に欠かせない考

え方といえます。校内における指導法や指導内容の共有化を考慮すると、特別支援教育コーディネーターの先生など専門的な知識を持つ先生方とチームで学習支援に当たるなど、支援の手立ての選択肢を増やすことも考えたいものです。

(4) 特別支援の考え方を応用した実践事例

ここでは、研究主題として、「豊かに関わり、よりよく学び合う児童の育成：学びの質を高める言語活動の工夫を通して」を掲げ、特別支援の考えを生かした外国語活動（英語）に関する愛媛県松山市立北久米小学校の事例を2つ紹介します。

①スモールステップによる、積極的に伝え合うコミュニケーションの場の工夫

5年生の活動において、*Hi, friends! 1* のLesson 7：What's this? の単元を用いて、児童自身の宝物（大切なもの）を題材としたクイズ大会を行いました。児童が積極的にコミュニケーションを図れるようにするために、スモールステップによる単元構成を考えました。具体的には、導入に際してはALTとのデモンストレーションを通して英語表現をしっかり聞く活動を行い、次に教師からのクイズに答える活動を、さらにクラスの友だちとクイズを出したり答えたりする活動、最後に同学年の児童と合同の授業で、さまざまな相

デモンストレーション
↓

教師からのクイズ
↓

クラスでのクイズ大会
↓

学年全体でのクイズ大会

手とのやり取りを楽しむ活動へと児童が英語表現を用いる環境を広げていったことで，少しずつ使用する英語表現を増やしながら，繰り返し，無理なく英語表現に慣れ親しむことができました。

②安心感や自信に支えられ，コミュニケーションのよさや楽しさを味わえるような活動の工夫

6年生の活動では，5年生の活動を踏まえ，*Hi, friends! 2* の Lesson 5：Let's go to Italy. の単元を用いて，子どもたちの思いを大切にするために，児童一人ひとりが行ってみたい国を題材としたクイズ形式の活動（友だちを旅行にさそおう！）を行いました。全4時間で構成されている単元であり，第4時にクイズを出し合う活動をスムーズに行えるよう，前時となる第3時に，同じグループ内のペア同士でクイズを出し合う「リハーサル」を行いました。また，英語表現に不安のある児童に対しては，学級担任とALT，外国語活動アシスタント（3T）で，サポートすることにしました。児童は，安心感に支えられた中で，「どう伝えたら，ちゃんと伝わるのかな」というワクワク感を持って，英語表現にしっかりと慣れ親しみ，自分の思いを友だちに伝える自信を持つことができました。

ALTの先生からのサポート
↓

グループでのリハーサル
↓

学年全体での活動

(5) 授業のユニバーサルデザイン化における留意点

　平成32（2020）年度から小学校外国語科に文字指導が導入されるに際して，いくつかの留意点があります。一つは，児童に読み書きに関わる障害（ディスレクシア，LD等）や困り感がある場合に，どのような指導を行うべきかと手立てを考える必要があることです。外国語活動のように，英語に慣れ親しむ活動においては，「聞く・話す」という音声面の活動が中心でしたが，英語の学習においては，「読む・書く」といった文字操作という側面への習熟が一定の割合で求められます。前述のように，特別支援教育コーディネーターの助言を得るなどして，児童・生徒に対するアセスメントをしっかりと行った上での工夫が求められます。また，特別支援学級の児童が一緒に学べる環境を整えるという点で，事前学習を充実させるなど，交流学級での活動に入りやすい雰囲気作りを心がけたいものです。

(6) 終わりに

　児童・生徒一人ひとりに合わせた教材の開発（視覚化）や，発問方法や指示の出し方などの指導方法（焦点化），そして，ティーム・ティーチングなどのチーム支援の学習支援体制を工夫・改善すること（共有化）は，授業のUD化の基盤となる要素です。そのためにも，児童の行動の背景にあると考えられる主な要因を整理し，児童のつまずきの様子とその特性に応じて考えられる支援のポイントをまとめることが，「ことば」を扱う外国語活動や英語科には，特に大切なことといえます。

（中山　晃）

考えてみよう・やってみよう（第2章　課題）

❶子どもが主体的に学ぶ授業作りと指導の在り方（pp.42-47）
- 主体的・対話的な学びのポイントをまとめてみよう。
- 言語材料に慣れるためのドリル活動以外に必要となる活動を考えてみよう。

❷高学年　外国語科　指導のポイント（pp.48-53）
- 新学習指導要領の目標と内容をまとめよう。
- 小学校にふさわしい「書くこと」の指導について具体的な方法を考えてみよう。

❸中学年　外国語活動　指導のポイント（pp.54-59）
- 「外国語科」との違いを，目的，内容についてまとめてみよう。
- 「外国語科」の前倒しにならない外国語活動指導のポイントを考えてみよう。

❹アクティブ・ラーニングの視点での授業作り（pp.60-65）
- 主体的な学び，対話的な学びの意義についてまとめてみよう。
- アクティブ・ラーニングにおける教師の役割を考えてみよう。

❺評価の在り方（形成的評価のためのポートフォリオ）（pp.66-71）
- 形成的評価の意義と方法についてまとめてみよう。
- ポートフォリオの在り方と活用方法について考えてみよう。

❻語彙指導の在り方（pp.76-79）
- 受容語彙と発信語彙についてまとめてみよう。
- 日本語との違いや共通点に気づく語彙指導について考えてみよう。

❼音声指導から文字指導へのスムーズな移行（pp.82-85）
- 文字指導の段階的指導についてまとめてみよう。
- どのようなアルファベットの指導法があるか調べよう。

❽ICTを活用したこれからの授業作り（pp.90-93）
- ICTを利用した指導の意義についてまとめてみよう。
- ICTを効果的に活用する方法について考えてみよう。

❾物語教材を活用した授業作り（pp.98-103）
- 物語教材を活用する際の意義と留意点をまとめよう。
- 小学校外国語との関連から，国語科の物語教材の活用を考えてみよう。

❿他教科との連携を生かした授業作り（pp.106-109）
- CLILの意義と方法についてまとめてみよう。
- 他教科との連携の在り方について考えてみよう。

⓫国際理解教育，グローバル教育の視点を生かした授業作り（pp.114-117）
- 外国語教育においてことばの学習に加え，どのような視点を含めることが大切か考えてみよう。
- その視点を英語の授業で具体的にどう取り入れるとよいか考えよう。

⓬特別支援，ユニバーサルデザインの視点を生かした授業作り（pp.126-131）
- 「国語の授業で，漢字の写し書きが苦手で覚えることができず，宿題の量が多くなり，結果として学習意欲の減退が懸念される児童・生徒」など困り感を抱える児童・生徒への英語の授業中や評価に際しての手立てをまとめてみよう。
- 特別支援学級での外国語活動や英語の授業に関する実践報告（実践例）を収集し，英語の授業のUD化及び合理的配慮に関する工夫や手立てをまとめ，話し合ってみよう。

第 3 章

主体的な学びをめざす実践例

実践例 1
コミュニケーション能力を育てる
小中連携の実践例①

(1) 実践のねらいと特徴

　那須塩原市では，コミュニケーション力の育成をめざして平成28（2016）年度から「那須塩原市小中一貫英語教育カリキュラム」に基づいた英語教育を実践している。カリキュラムの特徴は全時間がALTとのT.T.であり，可視化された評価規準と評価場面を明示することで「指導と評価の一体化」を図っている。

(2) 「那須塩原市小中一貫英語教育カリキュラム」について

①小中一貫英語教育カリキュラムの必要性

　本市の英語教育では，小学校での指導内容や方法が現場の判断にゆだねられたままであったことや，中学校では読み書き中心の授業がなかなか改善されないことが長年の課題となっていた。また，外国語教育の目標である「コミュニケーション力」の育成には，長い時間と一貫した教育理念が必要であり，系統性・連続性に配慮した9年間をつなぐカリキュラム開発が必要であると考えた。そこで，平成26（2014）年度に有識者を委員長に迎えて「那須塩原市英語教育推進委員会」を設置し，小中一貫英語教育カリキュラムの作成に着手した。期間は2年間とし，小・中学校教員，指導主事，英語支援員，英語教育専門員（元ALT）がカリキュラム作成に当たった。

②「那須塩原市小中一貫英語教育カリキュラム」の理念

　推進委員会ではまず，本市小中一貫英語教育の学習到達目標（CAN-DOリスト）を検討し，「めざす子ども像」を「主体性とコミュニケーション力に富み，思いやりの心を持って人と関わり合い，日本や那須塩原の暮らしや文化について発信することができる子ども」とした。これを具現化するために，「那

須塩原市小中一貫英語教育カリキュラム」（小学校130時間，中学校30時間）を作成し，「コミュニケーション力は豊かな対人コミュニケーションによってのみ育むことが可能である」という理念のもと，全単元に児童・生徒がお互いの考えや思いを伝え合う活動を設定した。

③「那須塩原市小中一貫英語教育カリキュラム」の特徴

> 1)「ねらい」「ねらい達成をめざしたコミュニケーション活動」「評価規準（例）」を明示することで「指導と評価の一体化」を図った。
> 2) 評価は形成的評価（～しようとする・～している）とし，全時間に可視化された評価規準（例）と評価場面を明示した。
> 3) 導入では，担任（英語科教諭）とALTがデモンストレーションを行うことで，その発話内容を推測・理解するようにした。
> 4) コミュニケーション活動では，身近な素材を話題として，児童生徒がお互いに「伝えたくなる」「聞きたくなる」活動を設定した。
> 5) 全プランを見開きの指導案様式（日本語版・英語版）で作成し，ワークシート・振り返りカード・視聴覚教材等をデータで配信した。
> 6) 小学校のカリキュラムでは *Hi, friends!* を活用したが，初歩的な内容は中学年へ移行した。
> 7) 中学校のカリキュラムは全プランを1時間扱いとし，教科書各単元の最後に行う発展的活動として位置づけた。

④ カリキュラム作成上の困難

　コミュニケーションの必要性が生まれる「場面シラバス」の作成や，「いつの間にか，何度も聞いたり言ったりしていた」を可能にする活動の工夫など，「コミュニケーション教育」の視点ですべてを見直すことが最も困難であった。

(3) カリキュラムの実施に向けた行政としての支援策

　「指導方法がわからない」「受験にとってマイナスではないか」といった現場の声をうけて，教育委員会が行った支援策は次のとおりである。

> 1) 授業作りを支援する「英語教育推進教師」の全小学校派遣。
> 2) 指導主事が全中学校を訪問して英語科教員全員の授業を参観後，教科部会を開く「英語教育情報交換会」の実施。

> 3) 指導主事が全小学校を訪問して，教職員を児童に見立ててデモレッスンを行う「小学校英語教育巡回訪問」の実施。
> 4) 教員を対象とした「英語教育研修会」や公開研究授業，師範授業及び毎月3回の「ALT研修会」の実施。

(4) カリキュラム実施における成果と課題

年度末アンケート調査では「英語の授業が好き」と答えた中学生の割合が73％を占めた（右図）。また，各学校からは「指導者の役割分担や授業の流れが明確になり，英語が苦手な担任も安心して授業に臨めるようになった。そのため，学級間の足並みをそろえて指導することが可能になった」「コミュニケーションを楽しみ，物怖じせずに自分の考えを伝えられる児童・生徒が増えた。また，友だちとの相互理解が深まり，望ましい人間関係の醸成につながった」という成果が数多く報告された。

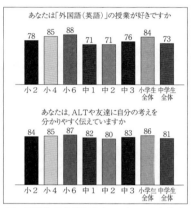

図　那須塩原市英語教育に関する小中学生の意識調査結果（平成28〈2016〉年12月実施）
「そう思う・どちらかと言えばそう思う」と回答した児童・生徒の割合（％）

一方で，教員の指導力や英語力の向上，打ち合わせ時間の確保などの課題も明確になった。

(5) 終わりに

本市では「小中一貫英語教育カリキュラム」と「ALT全校常駐配置」の両輪が英語教育を力強く牽引しているが，子どもたちには日増しに「主体性」が育まれつつある。そして，その後を追うように，先生方の意識も大きく変わってきた。まさに，児童・生徒のよりよい変容こそが，教師の変容を促す重要な鍵なのだと思う。

（山本幸子）

3年生の指導案例

Grade: 3 ⑫   主題:野菜ならべを作ろう (2/2)   Lesson: 3 [GCD可]

目標	好きな野菜をたずねる。
主要語彙・表現	Do you like ~? Yes, I do./No, I don't. vegetable : pumpkin, onion, cabbage, carrot, potato, corn, cucumber, tomato, etc.
担任の役割	支援であいさつする。
ALTの役割	笑顔であいさつする。

	活動の展開		教材	評価場面	時間
1.	あいさつ				1
2.	ウォームアップ	歌 *Five Little Monkeys* 児童と共に歌う。	CD		3
3.	デモンストレーション(主要表現の導入)	担任は児童に話をよう(聞きよう)に言う。 ALT : Let's make a vegetable nabe. HT : Great. ALT : Do you like cabbage? HT : Yes. ALT : Do you like carrots? HT : No. ALT : Do you like corn? HT : Yes. ALT : Do you like pumpkin? HT : No. ALT : O.K. How is it? HT : Great. 担任は内容に関してわかったことや聞こえた音についてたずねる。	野菜の絵カード		5
4.	めあての確認	好きな野菜を聞いてみよう。			1
5.	コミュニケーションの仕方に慣れ親しむ活動	・"Yes./No."と答えながら、絵カードを見せる。	・"Do you like ~?"と担任にたずねる。 ・練習をさせる。 ・キーワードゲームを行う。	野菜の絵カード		5
6.	コミュニケーション活動 ※注意参照	(1) 野菜のOXゲーム デモンストレーションを見せる。 児童の支援をする。 (2) クラスの野菜鍋を作る デモンストレーションを見せる。 児童の支援をリードする。	出題する。 活動をリードする。	・5種類の野菜の絵を同じ数に切って、模造紙に冷蔵庫の絵を描こう。	カードに描かれた野菜が好きかを自分からたずねている。[S-①]	7 15
7.	振り返り	振り返りカードの野菜の感想を発表させ、賞賛する。		振り返りカード		7
8.	あいさつ	Good-bye.	Good-bye.			1
					45

評価規準 「クラスの野菜なべを作ろう」で、カードの野菜が好きかどうかをたずねている。[S-①]

Teaching Notes (2/2)

2. ウォームアップ 歌 *Five Little Monkeys* 最初にALTが歌って聞かせてから、ゆっくり一緒に歌わせる。

3. デモンストレーション 英語の対話の内容を理解しやすいように、ゆっくりと話しながら表情豊かに演じる。曜日や天気などの理由は生徒のときだけALTや地域の身近な素材を活用する。

5. コミュニケーションの仕方に慣れ親しむ活動 ALTが"Do you like ~?"と全員に聞き、慣れてきたらキーワードゲームを行う。

6. コミュニケーション活動
   (1) 野菜○×ゲーム
   ①全員で行う。
   ②机を教室の後ろに寄せて、児童は全員中央に集まる。
   ③黒板の左右に大きく○・×を書く。
   ④指導者のデモンストレーションを見せる。
   ⑤ALTが"Do you like ~?"と全員に聞く。
   ⑥その野菜が好きな児童は○側へ移動する。嫌いな場合は×側へ移動する。
   ⑦全員が動き終えると児童はALTの児童に向かって"Do you like ~?"と聞き、○の児童が全員で"Yes,I do."と答える。
   ⑧次にALTは×の児童に向かって"Do you like ~?"と聞き、×の児童が全員で"No, I don't."と答える。
   ⑨児童は中央に戻って、他の野菜について同じ活動を繰り返す。

   (2) クラスの野菜なべを作ろう
   ①全員で行う。
   ②黒板の左側に大きな冷蔵庫の絵が描かれた模造紙を貼る。
   ③児童に5種類の野菜のカードセットを配る。
   ④教師がデモンストレーションを見せる。
   ⑤児童は自由に出歩いて、友達に絵カードを1枚見せて次の会話をする。

   A : Hello.
   B : Hello.
   A : Do you like ○○?
   B : Yes. Do you like △△?
   A : No.
   B : See you.
   A : See you.

   ⑥Yesのカードは相手に、Noのカードは冷蔵庫に貼る。
   ⑦次のカードを持って、同じことを繰り返す。
   ⑧すべてのカードを貼り終わったら、席に戻る。
   ⑨全員が貼り終わったら、できあがった鍋を全員で見て、ALTが感想を言う。

留意点
わからないときは互いに教えてもよいことを振り返りカードを作成し、評価規準に照らして適切に準備している。担任はよかったところを具体的に賞賛する。

7. 振り返り
担任はねらいと評価表現に準拠した振り返りカードを作成し、ALTも感想を述べる。ALTが具体的によかったところを具体的に発表させる。

実践例 2

コミュニケーション能力を育てる
小中連携の実践例②

(1) 実践のねらいと特徴

　尾道市立日比崎小学校は，平成17（2005）年に尾道市の課題解決パイロット校（英語活動）の指定を受けて以来，平成22～24（2010～2012）年度に文部科学省の研究開発学校の指定を受けるなど，継続的に外国語活動の研究に取り組んでいる。平成21（2009）年度には研究の柱の1つに小中連携を取り上げ，中学校へのスムーズな接続ができるようにさまざまな実践をしてきた。

　本稿では，日比崎小学校・中学校の連携を，①児童と中学校教員の連携，②児童と生徒の交流，③生徒（卒業した児童）と小学校教員の関わり，④指導者間の連携の順に紹介する。

(2) 実践例

①児童と中学校教員の連携

　日比崎小学校では，6年生の3学期に「夢を英語で語ろう～ひびっこスピーチコンテスト～」という学習で，校内スピーチコンテストを行っている。このスピーチコンテストでは，これまで学習した英語表現を使って，将来の夢やその理由，中学校で頑張りたい教科や部活動などを友だちや先生（担任やALTなど）に伝えている。

スピーチコンテスト本選の様子

　スピーチコンテストでは，中学校英語科の教員も審査員の一人として参加している。これに

入選児童と審査員（中学校教員など）

は，中学校の先生に英語でのスピーチを聞いてもらえるという児童に対する意欲づけとともに，中学校教員が児童の実態を把握して中学校の授業にスムーズに接続させるというねらいがある。

小中の接続をスムーズに行うための「スタートアップカリキュラム」の1つとして，中学校の最初の英語の授業では，スピーチコンテストの学習を生かした英語での自己紹介を行っている。中学校教員は児童のスピーチの様子を把握しているため，見通しを持って授業に入ることができる。児童にとっても，小学校で学習したことを中学校で生かすことができるという充実感を最初の授業で味わうことができ，中学校での英語学習に自信を持って取り組むことができている。

初めての中学英語授業で自己紹介する生徒

英語で進める中学校教員の授業

さらには，中学校教員が小学校に来て外国語活動の授業を行うというティーム・ティーチングによる交流授業を行っている。児童は中学校教員がクラスルームイングリッシュで進める授業に戸惑いながらも，知っている英語を手がかりにして活動に参加している。児童にとっては，入学前に中学校の授業スタイルを実感することができるので安心感につながり，中学校教員にとっても，次年度中学校に進学する児童の実態を把握することができるとともに，小学校の外国語活動への理解を深めることができるので，効果的な取り組みとなっている。

② 児童と生徒の交流

日比崎小学校では，*Hi, friends! 2* Lesson 7 Let's go to Italy. の学習と関連づけて，6年生で「行ってみたい国を交流しよう」という学習を行っている。ここでは，児童が行ってみたいと思っている国とその理由を事前に中学校教員に伝えておき，その英語表現を中学生が事前に学習し，児童に教えるという活動を行っている。児童にとっては，中学生から教えてもらうことで，「中学生

になったら英語を書いたり読んだりすることができるようになるんだ」という向上心を持つことができる。中学生にとっても，児童が熱心に英語を聞いてわかったときにうれしそうな表情を見せるので，学習したことが生かされたという英語学習への充実感が生まれるとともに後輩の役に立てることで自己有用感を感じているようである。

中学生に教えてもらっている小学生

③生徒（卒業した児童）と小学校教員の関わり

先ほど紹介したように，日比崎中学校の最初の授業は，英語で自己紹介を行うようにしている。この授業では，6年生を担任していた小学校教員が授業を参観する。そうすることで，小学校の担任の先生が見てくれているという安心感を持つことができるとともに，「小学校の先生が見ているから頑張ろう」という意欲の向上にもつながっている。

〈めざす 豊かなコミュニケーション能力を身に付けた子ども像（外国語活動）〉

		1，2年生		3，4年生		5，6年生	
子ども像		○簡単な英語や，身体表現を使って，自分のことを伝えたり，相手の言うことをきいたりする楽しさを味わう。		○簡単な英語で，身近な人とのやり取りを楽しみ，相手のことを考えてかかわることの大切さに気付く。		○初対面の人や外国の人などいろいろな人とかかわり，相手意識をもってお互いの考えや思いを伝え合い，相手への理解を深める。	
		目標	評価規準	目標	評価規準	目標	評価規準
A 関心・意欲・態度	①英語でのコミュニケーションの楽しさを味わう。		・英語を話したり，きいたりしようとしている。	①英語でのやり取りを通して，他国や他者に関心をもつ。	・外国の文化や他者に関心をもとうとしている。	①英語でのやり取りを通して，他国や他者を理解する。	・進んで外国の文化や他者のことを知ろうとしている。
	②相手を意識する。		・相手の目や表情を見て話そうとしたり，きこうとしたりしている。・相手に伝わる声の大きさや速さで話そうとしている。	②相手や場面を意識する。	・相手や場面（相手の位置・人数，目的など）を意識し，適切な声の大きさや速さで話そうとしている。	②相手や場面を意識する。	・相手や場面（相手の位置・人数，目的など）を意識し，適切な声の大きさや速さ，抑揚や間を考えて話そうとしている。・相手の気持ちや状況に合わせて話そうとしている。
	③表情やジェスチャーを付ける。		・表情やジェスチャーを付けて相手に自分の思いを話そうとしている。・身体表現（歌に合わせた動作等）を使おうとしている。	③伝えたいことが相手に伝わるよう工夫する。	・表情やジェスチャーを付けて相手に自分の思いや考えを話そうとしている。・伝えたいことをいろいろな方法（絵，写真などの具体物）を使って話そうとしている。	③伝えたいことが相手に伝わるよう工夫する。	・伝えたいことをいろいろな方法（絵，写真などの具体物）を組み合わせて話そうとしている。
B 慣れ親しみ	①知っている言葉をきく。		・知っている言葉を手がかりに，相手が伝えたいことをきいている。	①大切な言葉に気を付けてきく。	・大切な言葉に気を付けて，相手の伝えたいことをきいている。・自他の思いや考えを比較しながらきいている。	①推測しながらきく。	・言葉や表情から相手の伝えたいことを推測しながらきいている。
	②相手の言ったことを，反応しながらきく。		・言葉による相づち（Me, too. I see.など）を打ったり，相手の言葉を繰り返したりしている。	②相手の言ったことを，確認しながらきく。	・分からないことはきき返している。	②相手の意図をつかもうと，質問を考えながらきく。	・相手が言ったことに対して質問している。
	③英語表現をまねたり，使ったりして話す。		・ALT，JTEの口形や発音をまねている。・学習した英語表現を使って自分の思いを話している。	③英語表現を使って話す。	・学習した英語表現を使って自分の思いや考えを話している。	③知っている英語表現を活用して話す。	・知っている表現を組み合わせて，自分の思いや考えを話している。
C 体験的理解	①英語の音声やリズムなど，日本語との違いに気付く。		・英語の音声やリズムなど，日本語との違いに気付いている。	①英語と日本語との違いに気付く。	・英語と日本語との違いや言葉の面白さに気付いている。	①英語と日本語との違いを知り，言葉の豊かさに気付く。	・同じような意味をもつ言葉でも，使い方やニュアンスに違いがあることに気付いている。
	②外国の生活，習慣，行事などを知る。		・外国の生活，習慣，行事などを知る。	②日本と外国の，生活，習慣，行事など文化の共通点や相違点に気付く。	・日本と外国の，生活，習慣，行事など文化の共通点や相違点に気付いている。	②日本と外国の文化の共通点や相違点から，多様なものの見方や考え方があることに気付く。	・多様なものの見方や考え方があることに気付くとともに，我が国の文化についても理解を深める。

※上学年は，下学年を包含している。

© 2016, Hibizaki elementary school & Hibizaki junior high school

④指導者間の連携

　日比崎小学校と日比崎中学校では，小学校教員が中学校の英語科の授業を参観したり，中学校教員が小学校の外国語活動の授業を参観したりして，合同研修会を持つようにしている。授業参観等を通して，互いの授業の様子を知ることができる。指導者同士が意見交換をすることで，お互いの教育観や指導観を共有するとともに，学んでいる内容や教材に関する情報交換も行っている。また，小中連携を意識したカリキュラムやめざす子ども像，「聞く・聴く・訊く」の三段階モデルを作成し，系統的な指導に取り組んでいる。さらには，平成28(2016)年度からクラスルームイングリッシュを積極的に活用した授業作りに取り組んでいる。これは，児童が英語表現に慣れ親しむことをねらいとするほかに，主に英語で授業を進める中学校の英語の授業への準備としての取り組みでもある。

(3) 終わりに

　最後に，中学校への接続にあたって何より大事にしていることは，小学校段階で英語が嫌いな児童をつくらないこと，また，中学生が小学校で英語を学んでいてよかったと思えるようにすることである。

　児童が中学校に進学して「もっと英語を学びたい」と思えるように，そして，主体的に英語を学び続けることができるように，外国語活動の授業を通して，英語でコミュニケーションを図ろうとする意欲や外国の文化に対する興味・関心を向上させるような体験的な活動を，今後も継続して実践していきたいと思っている。

（尾道市立日比崎小学校）

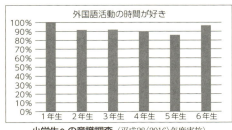

小学生への意識調査 （平成28(2016)年度実施）

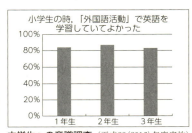

中学生への意識調査 （平成28(2016)年度実施）

実践例 3
小中高一貫した外国語教育プログラムの開発

　横須賀市では平成27（2015）年度より，文部科学省英語教育強化地域拠点事業：①「小学校における英語教育の早期化・教科化に向けた指導と評価の在り方」，②「小・中・高等学校を通じた系統的な英語教育の在り方等の検証について」をうけ，諏訪小学校，田戸小学校，常葉中学校，横須賀総合高等学校において，「カリキュラム開発部会」「授業研究部会」「調査・研修部会」の3つの部会に分かれて，以下の項目についての調査・研究に取り組んでいる。
- 小中高等学校を系統的につなぐCAN-DOリスト形式の学習到達目標の設定とカリキュラムの編成
- 教材（文部科学省作成共通教材）の検証
- 指導方法と評価方法に関わる研究
- HRT，ALT，専科教員（JTE）の役割と効果的な指導体制に関わる研究

(1) 田戸小学校の取り組み

　田戸小学校は，拠点事業を受けるまでは英語授業の研究に取り組んできた実績がなく，全職員が手探りの状態から研究をスタートした。研究を通して授業の軸となる要素を以下の4つにまとめ，全職員がこれらを大切にしながら実践している。
　①相手意識を持ったコミュニケーションの時間とする
　②英語使用の必然性を生む場面設定の工夫をする
　③話し手と聞き手両方の育成をめざす
　④児童の意欲につながる文字指導：読む・書く活動を行う
　同校では，「児童にどのような英語を話させるか」ではなく，「英語の表現の

中に，児童のどんな気持ちをのせられるか」という点を大切にした「気持ちのこもった言語活動」が生まれる指導をめざしている。また，話し手 (speaker) の育成だけではなく，聞き手 (listener) を育てるために「Eye Contact」「Clear Voice」「Reaction」の大切さを伝え，振り返るための時間と振り返り表の工夫により，児童に望ましいコミュニケーションを図る姿を意識させている。結果として，子どもたちが主体的に自らのコミュニケーションを向上させる姿勢が生まれている。特にALTの存在は，ことばとして英語を使用する必然性を生み出す要因になっており，担任教師との役割分担を効果的に行うT.T.が実践されている。

　高学年での「読み」「書き」の活動では，ペンマンシップのような指導ではなく，単元で用いられる語句やフレーズを「誰かに，何かを伝える」ことをねらいとして，目的を持った文字の使用ができるように工夫をし，児童の取り組む意欲につなげていく。また，なぞり書きや単語の最初のアルファベットだけを穴埋め式で取り組む簡単な活動から，聞こえてきた音声を文字化するような少し難度の高い活動まで，子どもたち自らが選んで取り組めるように工夫されているところも特徴といえる。

(2) 主体的な関わりを通して，お互いに尊重し合える子をめざした指導

　各学年でどのような姿をめざしていくかを学年の系統性を意識しながら策定することで，指導と評価の一体化が生まれている。田戸小学校では，以下の具体的な児童の姿を意識することで指導に取り組んでいる。

	伝える（関わり）		聞く	
1年	友だちと関わろうとする子	挨拶，始まりや終わりの歌，ゲームなどの活動を通して，友だちと一緒に楽しもうとしている。	友だちの話を聞こうとする子	目と目を合わせて，聞こうとしている。

2年	友だちと積極的に関わろうとする子	外国語表現を使って友だちや先生たちに自分から話しかけようとしている。	友だちの話に興味を持って聞こうとする子	目と目を合わせて気持ちよく聞こうとしている。
3年	相手と進んで関わろうとする子	外国語の表現を使って，進んで相手と関わろうとしている。	相手の話に興味を持って聞こうとする子	相手が伝えようとしていることは何かを考えながら聞こうとしている。
4年	相手に関心を持って関わろうとする子	自分のことだけでなく，相手の思いや考えにも関心を持って主体的に伝えようとしている。	相手の話を受け止めながら聞こうとする子	相手の話に耳を傾け，思いを受け止めようとしている。
5年	相手のことばに関心を持ち，主体的に関わろうとする子	人の発言や様子から自ら考え，判断し，声をかけて進んで関わり，ともに活動しようとしている。	自分の考えを持ちながら，相手の話を聞くことができる子	自分の考えを持ち，相手の表情や態度から思いを汲み取って伝えたいことを理解することができる。
6年	相手の思いやことばに関心を持ち，主体的に関わろうとする子	ジェスチャーや場に応じたことばを用いて，思いを伝え合い，聞こうとしている。	自分の考えと比べながら，相手の話を聞くことができる子	一人ひとり，それぞれ考えや感じ方に違いがあることを知り，理解することができる。
支援学級	先生や友だちと一緒に活動を楽しむ子	外国の文化や人にふれる。	先生や友だちの話に興味を持ち聞こうとする子	身のまわりの英語で表す言葉に興味を持つ。

(3) カリキュラム・マネジメント

　田戸小学校では，高学年の授業の年間70時間をどのように生み出したらよいのか検討を重ね，その結果，週2時間型の進め方が児童にとっても教員にとってもより望ましいと判断し，短時間学習を取り入れたモジュールカリキュラムではなく，週2時間，月8時間のカリキュラム編成が組まれている。全面実施に向けて35時間増える時間数については，横須賀市教育委員会が進めている長

期休業日等を活用した授業時数の増加に加えて，秋遠足を社会科見学としたり，児童会活動の回数の見直しや家庭訪問・個人面談期間の時間割りカットを減らしたりするなどして，必要な授業時間数を生み出している。多くの学校が週29時間への授業数拡大を懸念する中，田戸小学校では現行どおりの週28時間を維持しながら，高学年70時間の外国語科を実施することができている。

　このカリキュラム・マネジメントは，週２時間の十分な時間の保障につながり，本当に伝えたい思いや考えを醸成する時間を得たり，その思いを「相手にいかに伝えたら理解してもらえるのか」を工夫したりしながら，伝え合う豊かなコミュニケーションの姿を生み出すことにつながっている。それは学校がめざす子ども像そのものとなっているという手応えを教員も感じている。

　また，修学旅行先での観光客とのコミュニケーションの成功体験や，米軍基地内にあるサリバンズ小学校との交流でのさまざまな試行錯誤の体験を通して「伝えたい」「もっと相手の話が聞けるようになりたい」というコミュニケーションへの意欲を高めることにつながっている点も見逃せない。このような取り組みを支えているのは，相手を意識した言語活動の中でこそ言語への関心が生み出され，将来に向けて英語を学び続けていく思いを育てることにつながるとする考えが教員間で共有されていることにほかならない。主体的な学びを作り出すためのさまざまな工夫がすでになされているといえよう。

(4) 小中高とつながる英語教育

　横須賀市の拠点事業の取り組みの特徴は，CAN-DOリストの作成を通して小中高と続く英語教育のつながりが生まれているところである。各校種の教員が一緒になって取り組むことで，情報の共有が生まれ，教材，指導の在り方などを共に検討することで，新たな視点からの授業も生まれてきている。豊かなコミュニケーション能力を育む英語教育の取り組みは，結果として中学校，高等学校における英語運用能力の伸びにも必ずつながるものと期待されている。

（金森　強）

実践例 4
短時間学習の実践

　現行の学習指導要領（平成20年告示）では外国語活動が年間35時間，1週あたり1時間となっているが，東京都目黒区立田道小学校では区の研究開発指定校を受け，平成27（2015）年度はモジュール（短時間学習15分）を週に3回実施した。

　モジュールは担任だけで授業を行う。45分の授業で行ったゲームを相手や授業形態を変えていったり，*Hi, friends!* 1（以下 *HF 1* と表記）の音声教材などを利用した取り組んだりしている。45分授業で学んだ英語を何回かに分けて聞いたり言ったりできるため，慣れ親しむ頻度を増やすことができる。

　5年生の「夢の時間割を作ろう」（*HF1* Lesson8）を例に挙げると，単元のゴールは夢の時間割を6年生の前で発表することである。新しいことばとの出会いからたった4回の授業では，自分の伝えたいことを言ったり相手の言っていることを受け止めたりすることは難しい。そこで，計9回のモジュールを活用し，歌・チャンツ・ビンゴなどで新しいことばを耳に馴染ませる（①②③）。次にTV番組で目標言語が実際に使われている場面を見せる（④）。アクティビティを通してアウトプットの機会を増やし（⑤⑥⑦），発表の準備をしていく（⑧⑨）。

　新学習指導要領に盛り込まれた文字指導を意識して，高学年には文字とことばの組み合わせを選ぶ・なぞる・書き写すなどの活動も取り入れている（②③）。ただし，国語の漢字ドリルや算数の計算ドリルのような無味乾燥の機械的活動にならない工夫をした指導が必要である。また，単元によっては，関連する英語表現が出てくる絵本の読み聞かせをすることもある。

〇単元名　「夢の時間割を作ろう」（第5学年）
　　I study Japanese.（*HF 1* Lesson 8及び目黒区外国語教育モデルカリキュラム）
〇目標・時間割について友だちに尋ねたり答えたりして交流を図ろうとする。
　　　・時間割の表現や何を勉強するかを尋ねたり答えたりする言い方に慣れ

親しむ。
- 世界の小学校の学校生活に興味を持つ。

○展　開

時	ねらい（○）と活動（・）	モジュール
1	○世界の小学校の学校生活を知り，自分たちの学校生活との共通点や相違点を考える。 （*Hi, friends!* 1 p.34，以下 *HF 1* と表記）。 ・教科と曜日の言い方を知る。 ・世界の小学校の生活について映像やALTの話を聞く。	①曜日の歌・チャンツを歌う。／教科ビンゴをする。 ②③曜日の歌・チャンツを歌う。／教科の名前を聞いて，綴りを選んだり，教科名をなぞったりする。（ワークシート）
2	○教科・曜日・序数や"What do you study on Monday?" "I study○○." の表現に慣れ親しむ。 ・教科クイズ ・クリスクロスゲーム ・何年何組クイズ （持っている時間割を，何年何組のものか尋ね合って当てる。）	④NHKプレ基礎英語 "We study science." を視聴し，教科名や"I study ○○"に慣れ親しむ。 ⑤*HF 1* アクティビティ「夢の時間割」を行い，"What do you study on Monday?" "I study○○." の表現に慣れ親しむ。 ⑥*HF 1* p.35 "Let's play 3" をする。
3	○既習の表現を使い，時間割について積極的に尋ねたり答えたりしようとする。 ・どきどき時間割作り（グループ） 　既習の表現を使いながらメンバーが順番に伏せられた教科カードをめくり，時間割を完成させる。 ・理想の時間割作り（ペア） 　友だちと，既習の表現を使ってインタビューしながら，相手の時間割を完成させる。	⑦メンバーを替えてどきどき時間割作りを行う。 ⑧夢の時間割作りをする。 自分の理想の時間割を考え，発表内容の原稿を作る。 ※原稿は，教科名だけを書き入れる簡易なものにする。 ※総合的な学習の時間【ICTを積極的に活用しよう】とリンクさせ，資料作りの時間を確保する。（2時間程度） ※教科名や曜日名はあらかじめ綴りを作っておき，カット&ペーストで選んで貼りつけるようにする。
4	○既習の表現を使い，「夢の時間割」を伝えたり聞いたりしようとする。 ・異学年交流として6年生に自分の夢の時間割を伝える。 ・途中で，質問を投げかけたり，感想を聞いたりする。 ・夢の先生や，一緒にやりたいことなども可能な範囲で伝えられるようにする。	⑨夢の時間割の発表練習をする。

　どの単元においてもゴールとなる終末の活動で児童が十分にコミュニケーションを図れるようにするには，必要な表現に十分に慣れ親しんでいなければならない。15分という短い時間であるが，めあてを持ってテンポよく進めることで，児童は集中して学んでいるように感じる。練習時間もモジュールで確保したので，ゴールの夢の時間割の発表では自信を持って堂々と6年生や友だちに伝えることができた。児童にコミュニケーションの見通しをしっかりと持たせ，主体的な学びが生まれる綿密な授業計画と合わせて進めることができれば，短時間学習は発信への下支えとなる貴重な時間になると考える。　　（中嶋美那子）

実践例 5
中学年からの外国語活動

(1) 実践のねらいと特徴

　文部科学省が示している年間指導計画例素案（平成28年）では，3・4年生ともに最後の単元で絵本を使用することになっている。ところが，これまで実際に英語の絵本を指導した経験のある教師は，それほど多くはない。絵本を効果的に用いる中学年における外国語活動の実践例について紹介したい。

(2) 活動例

①絵本の活用
○ねらい：数の言い方や数を尋ねる表現に慣れ親しむ
○学　年：第3・4学年
○テーマ（単元）：「数」，「動物」
○準備物，教材
- *Spot Can Count*（絵本）
- 絵本に登場する動物の絵カード

　児童は，繰り返し使われる単語や表現，読み手のジェスチャーや挿絵などから絵本の内容を総合的に理解する。内容理解のために楽しく聞くことができる絵本を扱った活動は，中学年の発達段階に適している。

○活動の進め方
1) *Spot Can Count* の読み聞かせを行う。この時に意識することは，児童を物語に「巻き込む」ことである。読み方を工夫することで，児童の想像力をふくらませたり，物語の世界に入り込ませたりすることができる。この物語の場合，"What's this?"，"How many cows? Let's count."，"What's

the next animal? Please guess."などと質問し紙面を用いて児童とやり取りをしながら，読み聞かせを行う。
2）読み聞かせの後に，Follow-up Activity（絵本や歌の指導の後に行う，扱った単語や表現の習熟，内容の理解等を図るための活動）を行う。
- 登場した動物を確認する。"What animals are there in this story?"
- 動物の数を確認する。"How many pigs? Do you remember?"

○活動のポイント
- 絵本に出ている文章をすべて読む必要はない。児童の実態や活動の目的などに応じて，取捨選択しながら読むようにする。
- Follow-up Activityには，「ダウト読み」や「並べ替え」など，内容理解を深めるアニマシオンの手法が効果的である。

○留意点など
- *Spot Can Count* では，1〜10までの数字しか出てこない。パワーポイントで同様の話を作り，11〜20までの数についても扱えるようにアレンジして指導するとよい。
- Spotが登場する絵本は，このほかにも *Where's Spot?* などがある。どれも扱う言語材料が容易で，児童を巻き込んで活動するのに適したものとなっている。

② Character Guess Game
○ねらい：やり取りを覚える，楽しく活動しながら英語表現に慣れる
○学　年：第3〜6学年
○テーマ（単元）："Do you like ~?'（好き嫌いを尋ねる表現）
○準備物，教材
- ワークシート（1人3〜4枚）

新しく学習した表現を使って「話す」ためには，まねをして使ってみる段階が必要である。Character Guess Gameでは，頭を使いながら同じ表現を繰り返し使用することができ，英語表現に慣れ親しませることが可能になる。

○教材の作成
- キャラクターを6種類，食べ物やスポーツなどから6種類を選び，右のようなカードを作成する（大きさは，A4の4分の1サイズ）。
- 表には，○か×を記入する。右の表の場合，アンパンマンはパフェの欄が○になっているが，これは，パフェが好きだという意味になる。

	🍟	🍌	🍍	⚾	⚽	🏀
アンパンマン	○	○	○	×	×	○
くまモン	○	×	×	○	×	○
ジバニャン	○	○	×	×	○	×
ふなっしー	×	×	○	○	×	○
ドラえもん	×	○	×	○	○	○
ルフィー	×	×	×	○	○	×

（イラストは『小学英語 絵カードプリント1400 CD-ROMブック』学研プラス より）

○活動の進め方
- 6種類のキャラクターの中から，自分がなりきるものを1つ決める。
- "Do you like ~?"の質問を2回行い，その回答から友だちが選んだキャラクターを予想して答える。当たった場合には，カードを1枚もらうことができる。

> A : Do you like baseball?
> B : No, I don't.
> A : Do you like parfait?
> B : Yes, I do.
> A : Are you Anpanman?
> B : Yes!

- 決められた時間内に，たくさんカードを集められるように活動する。

○留意点など
- 途中でカードがなくなってしまった場合には，予備のカードを渡す。
- 単に情報をやり取りするだけではなく，知的な要素も含まれているので，楽しく活動することができる。
- 中間評価（形成的評価）の場面を設け，活動のポイントを確認したりよい言動をほめたりすることで，コミュニケーションで大切なことを考えさせながら新出表現により慣れ親しませることができる。
- "Can you ~?"や"What time do you ~?"などの単元でも使用することができる。

	swim	cook	table tennis	play baseball	ride a unicycle	play the piano
アンパンマン	○	○	○	×	×	○
くまモン	○	×	×	○	×	○
ジバニャン	○	○	×	×	○	×
ふなっしー	×	×	○	○	×	○
ドラえもん	×	○	×	×	○	○
ルフィー	×	×	×	○	○	×

	get up	go to school	study at home	eat dinner	watch TV	go to bed
アンパンマン	6:00	7:10	4:30	6:25	7:15	8:40
くまモン	6:00	7:20	5:30	6:25	7:50	9:40
ジバニャン	6:00	7:10	4:30	6:35	7:50	8:40
ふなっしー	7:00	7:20	4:30	6:25	7:15	9:40
ドラえもん	7:00	7:10	5:30	6:25	7:50	8:40
ルフィー	7:00	7:20	4:30	6:35	7:50	9:40

（イラストは『小学英語 絵カードプリント1400 CD-ROMブック』学研プラス より）

(3) 終わりに

　文科省の年間指導計画例素案では，3年生は*HF1*と，4年生は*HF2*との関連が多く見られる。しかし，中学年と高学年では発達段階に差があることを考えると，現在と同じ活動を中学年に当てはめても，うまくいかない場合があることと思われる。中学年の実態に合わせて活動をアレンジしたり変更したりする必要がある。外国語学習への動機づけを高め，体験的に聞いたり話したりできる絵本を用いた活動は，今後さまざまな実践が行われてくると思われる。

　中学年における外国語活動のさらなる充実のためには，今後，教科書で扱われる言語材料を指導するのに適した絵本のリストや，Follow-up Activityの活動事例集なども必要となるはずである。

（久保 稔）

実践例 6
低・中学年からの外国語活動

(1) 実践のねらいと特徴

　低学年の子どもたちが自己紹介を行うとき，多くの児童が自分の好きなものも伝えようとする。また，子どもたちは英語活動を通して，些細なように思えることでも，友だちのことを知ることができたときにはとてもうれしそうにしている。そこで，低学年・中学年では，いろいろな色や食べ物，動物の名前，家族の言い方などを知り，ゲームなどで慣れ親しんだ後に，自己表現活動をするようにしている。

(2) 活動例

①どんな動物が好きですか？
○ねらい
　　動物（昆虫・花）の名前に慣れ親しむとともに，友だちの好きな動物を尋ねたり，自分の好きな動物を伝えたりして，やり取りを楽しむ。
○学　年：第2学年
○テーマ：生き物大好き（動物）《昆虫・花》
○準備物：絵カード，カルタ大のカード一人2枚ずつ
○単語や表現：lion, tiger, panda, elephant, zebra, giraffe, rabbit, bird, dog, cat, hamster《beetle, stag beetle, mantis, ladybug, dragonfly, grasshopper》
　A：What animal do you like? B：I like dogs. A：Dogs? Me, too. / I see.
　B：What animal do you like? A：I like pandas. B：Pandas? It's cute. / Oh, nice.

○活動の進め方

[1・2時間目]

　カルタ取りやキーワードゲーム，ハート見つけゲームなどをして，動物の名前の単語に慣れ親しむ。

[3時間目]

- 好きな動物を尋ねたり，答えたりする表現を練習する。
  What animal do you like?　I like lions.（複数形で与える）
- 好きな動物を3つ決めて，その動物の絵を描いたり，名前を書いたりして，3枚のカードを作る（友だちには秘密にする）。図工や生活科など，他教科の活動として作成したり，宿題として作ったりしてもよいだろう。また，実態に応じて，いろいろな動物を印刷したプリントから，好きな動物を選んで切り取る方法もある。

[4時間目]

　カード交換ゲームをする。教室を自由に歩き回り，クラスの友だちにWhat animal do you like? と尋ねたり，I like lions.　と自分の好きな動物を答えたりして，それぞれのカード3枚を交換する。

- 自作のカードでない場合は，自分のカードと友だちからもらったカードとの区別がつきにくいので，1枚だけを持って移動，交換し，もらったカードをそのつど自分の机に戻って並べるようにすると混乱しない。
- 担任やALTもカードを持って適宜参加すると最後の児童まで交換できる。
- 相手が答えたら，その名前を繰り返したり，あいづちを打ったりできるようになるとよりよい。
- 集計の際には，一人ずつ持っている動物の名前を言わせてもよいが，Do you have a (card of) 'tiger'?　などのように尋ねていき，挙手や起立によって集計すると時間は短縮される。
- 活動前に，クラスで人気のある動物を予想する。そうすることで，最後に一番人気のある動物を知ることが楽しみになる。「人気のある動物」にスポットが当たるが，少数意見も大切にして，個性尊重の気持ちも育てたい

場面である。
○評価のポイント
　カード交換の際に，自分から友だちに話しかけようとする態度や，しっかり伝えようとしているか，などが評価のポイントとなる。

②クイズを作って楽しもう

○ねらい
　既習の単語を答えとするクイズを作って，ジェスチャーや絵なども使いながら，相手に伝えようとする。また，そのやり取りを楽しむ。
○学　年：第4学年
○テーマ：クイズ「わたしはだれでしょう？」
○準備物：絵カード，ワークシート，地図，画用紙またはコピー用紙
○単語や表現

　lion, tiger, panda, elephant, zebra, giraffe, kangaroo, koala, dolphin, monkey, beetle, stag beetle, ladybug, dragonfly, grasshopper
　China, Africa, Australia, India, sea, jungle, meat, grass
　I live in China. I'm black and white. I like banana.

○活動計画

	めあて	主な活動内容
1	既習の単語に慣れ親しむ 動物・昆虫	・発音練習（キーワードゲーム） ・カルタ取り・ミッシングゲーム
2	問題作りのためによく使う表現に慣れ親しむ	・3ヒントクイズ ・表現の練習
3	問題作りをする	・ワークシートを使って問題を作る ・ペアで練習する
4	クイズ大会をする	・クラスの友だちと問題を出し合う

・多くの児童は，国名や国の場所についてはよく知らないが，問題を出すとなると意欲的に場所を調べ，英語での表現も覚えようとする。難しい場合は，問題は地図を使って日本語で表すと，単語量の負担なく進められる。

○ワークシート(例)

答え	シマウマ
動物か昆虫か	⟨animal(動物)⟩　insect(昆虫)
色，大きさなど	I'm .... 白と黒　(英語では黒と白の順で言う)
何を食べるか	meat(肉食)　⟨grass(草食)⟩
どこに住んでいるか	アフリカ(ケニアなど1つの国でもよい)

○クイズ大会の進め方

　問題のやり取りにはいくつかの方法があるが，実態に合わせた方法を選ぶ。
1) 半分のチームに分けて，問題を出す人と答える人になり，時間を計りながら，1対1で一斉にずれていく『回転ずし型』。
2) 2人組になってコーナーを設け，答える人は自由に回る『コーナー型』。助け合えるので，不安感は軽減される。
3) 一人で自由に相手を探して問題を出し合う『インタビューゲーム型』。
＊シールを貼ったり，スタンプを押したりすると意欲もアップするし，評価の参考にもなる。

○留意点

　苦手意識のある児童が不安にならないように，適切な支援が必要である。最後に，児童数人に問題を出してもらい，みんなで取り組んでもよいだろう。

(3) 終わりに

　英語を学び始めた児童は，いろいろな単語を知ることに興味があり，覚えるためのゲームにも喜んで参加するが，単調な繰り返しばかりでは飽きてしまったり物足りなさを感じたりする。児童が興味を持ち，主体的に取り組める題材，活動選びが不可欠である。覚えた単語や表現を使い，自分なりの表現を生かした活動は，成就感，達成感，自己肯定感などを感じることができる。活動を通して友だちと関わることによって，友だちに対する思いや友だちとの関係によい影響が見られることも大切なポイントである。

(大門賀子)

実践例 7

地域性と地域人材を生かした実践例
―― 外国語活動の実践的な一場面としての「国際理解教室」の取り組み

(1) 国際港都横浜としての地域特性とその活用の視点

　横浜は，約160年前の開港期以来，世界の窓口として発展し，国内外からさまざまな人々を受け入れ交流してきた歴史を有している。現在，およそ160か国に及ぶ8万7千人もの外国人が居住し，市立学校に通学する外国人児童・生徒も多く，その数は今なお上昇の一途をたどっている。平成20（2008）年3月告示の小学校学習指導要領で外国語活動が示される以前より，このような横浜市の環境においては，義務教育開始の段階から，多様性を尊重し，共に生きていこうとする態度の育成や，相互理解を深めるための言語による基礎的なコミュニケーション能力の育成が必要であるという考え方がすでにあった。

(2) 外国語活動における「小学校国際理解教室」の位置づけ

　前述の背景を踏まえ，本市では，昭和62（1987）年度から，外国人講師による小学校国際理解教室を開始し，平成11（1999）年度からは全小学校で実施している。小学校第1学年からの6年間で6つの国や地域の外国人講師（International Understanding Instructor，以下IUIと表記）と交流し，英語を使って，異文化を体験的に学習することで，グローバル社会に生きるために必要な心情や態度を培ってきた。

　平成20（2008）年，横浜の小学校における英語教育の時間「Yokohama International Communication Activities（以下YICAと表記）」が設定されてからは，小学校国際理解教室をYICAの実践的な一場面ととらえ，IUIが文化の紹介に使用する言語材料と，YICAで使用する言語材料に関連性を持たせるなど，指導を有機的に関連づけている。また，学校教育の中で，英語以外の外国語や

その背景にある文化の多様性にふれる機会を増やすことによって、自分のことや自国のことへの意識や関心を高め、それらを、相手意識を持って「英語で伝えたい！」という心情につなげることも期待している。

IUIの出身国及び地域【平成28（2016）年度】
アメリカ、アイルランド、アルゼンチン、イギリス、イスラエル、イタリア、イラン、インド、インドネシア、ヴェトナム、ウクライナ、ウズベキスタン、オーストラリア、オランダ、カナダ、ガーナ、韓国、シンガポール、スリランカ、スロバキア、タイ、台湾、チェコ、中国、中国（香港）、トルコ、ニュージーランド、ネパール、パキスタン、バングラディッシュ、フィリピン、ブラジル、フランス、ベナン、ペルー、ベルギー、マレーシア、メキシコ、モロッコ、モンゴル、ラオス、リトアニア、ロシア（43か国及び地域）

(3)「小学校国際理解教室」のねらいと特徴

①ねらい

○異文化にふれるとともに、自国の文化に目を向ける。

- 新しい文化にふれ、違いを違いとして受け止める柔軟な姿勢を育てる。
- 日本との比較を通して異文化を知るとともに、日本の文化にも関心を持たせる。

○コミュニケーションを楽しみ、コミュニケーションを図ろうとする態度を育成する

- さまざまな国のIUIと直接ふれ合い、関わり合うことを楽しむ。
- 気づいたことや想像したこと、自分たちのことを積極的に伝えようとする。

○英語に親しむ

- 英語を聞き続け、IUIの話す内容を推察し、理解しようとする。
- 毎年違う国のIUIが話すさまざまな英語にふれ、英語に興味・関心を持つ。

②授業について

1) 授業形態

横浜市直接雇用のIUI（T_1）と学級担任（T_2）によるティーム・ティーチング

2) 授業時数（平成28〈2016〉年3月現在）

- 第1〜4学年：YICA20時間のうち年間5時間程度

- 第5・6学年：YICA35時間のうち年間5時間程度

3）授業内容
- あいさつ——自国のことばと英語で行う。
- 国の紹介——実物や写真，絵，地図などを使って紹介する。

> 国の名前，位置，大きさ，国旗，言語，文字や数字，お金など

- 文化や日常生活の紹介——子どもにとって親しみがあるトピックを，実物や写真などを使ったり，体験を交えたりしながら紹介する。

> 学校の様子，伝統行事，音楽，踊り，衣服，料理，スポーツ，生き物，各種標識，値段，オノマトペ，子どもの遊びなど

4）授業の進め方のポイント〈次ページの学習指導案参照〉
 (ⅰ)「『自』国から『外』国へ」の流れを基本とする。自分に関わる話題から英語の内容を想像させると同時に，『自』を意識させる。
 (ⅱ)普段の自然な会話にできるかぎり近づける。
 (ⅲ)説明しすぎない。「見る」「さわる」「体験する」ことなどを通して感じさせる。
 (ⅳ)子どもの理解を促すような学級担任の出番を作る。

5）国際理解教室における英語
 (ⅰ)汎用性のあるフレーズを，授業の中でできるだけ繰り返し使用する。
 (ⅱ)英語を話すことを強いない。子どもが日本語で伝えてきたことを英語に置き換え，受容心とともに返す。英語を使うチャンスを与える。
 (ⅲ)簡単な英語を，文単位で正しく与える。

(4) 実践例 (YICA 4 時間扱いの単元　そのうち本時3時間目が国際理解教室)

「3年1組　レインボーツリー　ドリームタウンをつくろう」

①目　標：インドネシアと日本の共通点や違いを見つけることを通して，それぞれの国の文化やよさを感じる。

②展　開

過程〈時間〉	児童の活動	指導者の活動		・指導上の留意点 ◎評価規準 【観点】（方法）
		IUI	学級担任	
あいさつ〈6分〉	スラマッシアン I'm ~, thank you. How are you?	スラマッシアン How are you? 一人ひとりとあいさつをしながら、名札を配る。	スラマッシアン How are you? 一人ひとりとあいさつをしながら、名札を配る。	・一人ひとりと目を合わせてあいさつをし、声をかける。
アクティビティ①〈6分〉	・自分たちの住む地域の場所をIUIに教えようとする。 (4) ①の視点―まずは自分たちのことに目を向けさせる。 (4) ③の視点―視覚的に比較させることによって、違いだけでなく共通点にも気づかせる。	・横浜へ来た観光客として、写真の場所がどこか問う。 (4) ②の視点―日常的に起こりうる場面や状況を与える。	・横浜の観光マップや、場所の写真を貼る。	・テレビにインターネットの航空写真を映し出し、ジャカルタの街の様子を児童と共有できるようにする。 ・問いかけに対し、児童一人ひとりの反応を促すことができるように、IUIや担任は発問の仕方を変えながら問いかける。
めあての確認〈2分〉	・めあての確認をする。	日本とインドネシアのそれぞれの場所を比べて、ドリームタウンにあってほしいすてきなところを見つけよう。	・めあての確認をする。	(4) ④の視点―担任を通して、子どもたちに気づかせる。
アクティビティ②〈25分〉	・担任がわからないと言っている場所がインドネシアのどんな場所かを考える。 ・IUIの問いかけに自分なりに反応する。	・日本と同じ建物でも、色や形が違う場所の写真を見せ、どんな場所かを尋ねる。 ・ポストの色 ・動物園にいる動物 ・110番　など	・インドネシアへ来た観光客として、写真の場所がどこか問う。 ・どんなふうに答えたらよいかをデモンストレーションする。（児童が答えないようなもので）	・それぞれの場所やそれらに関係するものを比べる観点は色や数、形など既習の英語表現を中心に行い、児童が自分で単語を聴き取りながら理解できるように促す。
振り返り〈5分〉	日本とインドネシアのそれぞれの場所を比べて、ドリームタウンにあってほしいすてきなところを見つけられたかな。 ・自分がオリジナルマップを作るのに生かしたいこと（感じたよさ）や気づいたことについて発表する。	・児童のよかったところをほめる。	・インドネシアと日本の街や場所の様子を比べて、感じたそれぞれのよさについて視点を絞る。	◎インドネシアと日本の街や場所の違いや特徴を知り、日本との共通点や違いて、それぞれの国の文化やよさを感じている。 【気③】（行動観察、ふり返りカード）
あいさつ〈1分〉	サンパイジュンパ Thank you. See you.	サンパイジュンパ Thank you. See you.	サンパイジュンパ See you next time.	

(5) 終わりに

「他の国のことを知り、日本で当たり前だと思っていたことが、当たり前ではないことに気づいた」―ある児童の感想である。異文化との出会いがもたらす、こういった『自』への回帰は、結果的に、主体的な発信に先立つべき、主体的な受容の態度を育んでいくと考えている。

（吉川真由美）

実践例 8
コミュニケーションを豊かにする活動と教材

(1) 実践のねらいと特徴

　子ども同士がお互いに「相手のことを知りたい」「自分のことを伝えたい」と思えるような活動内容と場の工夫，さらに学習した英語を使ってコミュニケーションをとることによって友だちへの新たな気づきや発見が生まれることを期待し，「コミュニケーションは楽しい」と感じられること，相手意識を育むことをねらいとした活動を，以下に２つ紹介したい。

(2) 活動例

①好きな衣服を伝えよう─〇〇さんのための衣服コーディネート

○学　年：第５学年
○テーマ(単元)：好きなものを伝えよう─好きな衣服を伝えよう
○ねらい：ペアの相手と進んで関わり，好みの色や衣服，好きなスポーツや趣味を尋ねたり伝えたりして，相手に似合う衣服を集めてコーディネートする。
○主な使用表現

　　• What do you like?　　　　　　　I like T-shirts.
　　• What color do you like?　　　　I like red.
　　• Do you like sports?　　　　　　Yes, I do. / No, I don't
　　• Do you have red T-shirts?　　　Yes, I do. Here you are.

○準備物，教材：・各種の衣服カード　・衣服ショップ（衣服コーナー）数か所　・個人用マグネットボード（衣服コーディネート用）
○活動の進め方
　1)単元の第１時から第３時までに，衣服や色の言い方や好きな物を尋ね合う

言い方，持っている衣服を尋ね合う英語表現に慣れ親しむ活動を進める。
2) 衣服コーディネート活動では，学級全体をA（コーディネート活動＝shopper）B（衣服コーナー担当＝shopkeeper）の2つに分ける。後にAとBの役割を交代する。
3) グループBの子どもたちはそれぞれの衣服コーナーに立つ。
コーディネート活動を行うグループAの子どもたちはペア（P_1とP_2）になり，お互いに好みの衣服のデザインや色，好きなスポーツや趣味などをインタビューし合い，相手の好みの情報を集める。

〈対話例〉P_1：What do you like?　　　P_2：I like T-shirts and pants.
　　　　　P_1：What color do you like?　P_2：I like red and green.
　　　　　P_1：Do you like sports?　　　P_2：No, I don't. I like reading books.
　　　　　P_1：Do you like backpacks?　 P_2：No, I don't. I like bags. …etc.

既習事項の英語表現も生かしながら，相手の好みについて情報を得る。
好きなスポーツを尋ねたり，ファッションや好きなアイドルを尋ねたりもする。P_1とP_2が交替して質問をする。一人ひとりの本当の情報を伝え合う楽しくオリジナリティにあふれた自然なやり取りが期待できる。

4) グループAの子どもたちはshopperになって衣服ブースに行き，インタビューで得た情報をもとに相手に似合う衣服ショッピング活動（お金は使わない）を行う。

〈対話例〉P_1：Hello. Do you have red T-shirts?　Shop：Hi! Yes, I do.
　　　　　P_1：Red T-shirts, please.　　　　　　Shop：Here you are.
　　　　　P_1：Thank you. See you.　　　　　　Shop：You're welcome. Bye-by

5) コーディネート活動が終わったところで，再びペアになって相手のために考えてコーディネートした衣服を見せ合う。以下は対話例である。

P_1：This is for you. Do you like it?　P_2：Oh cute! I like this. Thank you!
P_2：This is for you. Here you are.　P_1：Wow! Nice fashion! Thank you.

〇留意点
ペアでインタビューする際に，十分に時間を取り既習事項をできるだけ使

って相手の好みなどを尋ね合わせる。そのためには教師のデモンストレーションが大切で、相手に尋ねたいことがイメージできるように簡単な既習の表現を使って行う。

子どもたちは「自分の好みでほしかった衣服が入っていた」「こんな服も似合うと思って選んだら喜んでもらえた」などと振り返り、相手や自分のコーディネート活動での満足感や達成感を得ていることがわかる。

衣服ブースでほしい衣服を伝えている　　友だちのためにコーディネートした衣服

②将来の夢を伝えよう

○学　　年：第6学年

○テーマ（単元）：My Dream―何になりたい？

○ねらい：自分の得意なことや好きなことをあこがれの職業のヒントとして伝え、ヒントを手がかりにお互いの夢を予想したり、夢を伝えたりする。

○準備物，教材：夢カード（将来の夢に関わる4つのヒントが絵で描かれている）

○活動の進め方

1) 単元の第1時から第3時までに職業の英語表現や将来の夢を尋ね合う英語表現に慣れ親しむ活動をする。

2) 3～4人のグループを作り、各自、自作の夢カード（後の写真参照）を持つ。夢カードにはヒントの絵だけ描いてある。一人ずつ順にヒントを出して他の友だちに自分の夢を予想してもらい、最後に自分の夢を伝える。

〈対話例〉

S_1：My Dream!　　　　　　　S_2, S_3, S_4：Hint, please.

S_1：OK! Hint 1. I need desk and color pencils.　S_2, S_3, S_4：……． ？

  S₁：Hint 2. I can draw pictures. S₂, S₃, S₄：…Artist?

  S₁：Hint 3. I like comic book. S₂, S₃, S₄：….Manga artist?

  S₁：Hint 4. I like manga artists.（夢カードのヒント絵を見せる）

  S₂, S₃, S₄：What do you want to be?

  S₁：I want to be an illustrator. S₂, S₃, S₄：Oh, illustrator! Good luck!

 3）夢がわかったところで，お互いに"Great!""Good luck!"などのリアクションを返してあげる。次の順番の子どもも同様に行う。

○留意点

 ヒントの途中で職業を言う友だちがいてもYes / Noの反応はせず，4つのヒント全部を伝えてからI want to be a ~.と夢を伝える。友だちの夢を知った子どもたちは，「○○さんの夢を初めて知った。実現できそう！」「自分の夢を予想してもらったり当ててもらったりしてうれしかった」と，お互いの気持ちに思いを寄せることにこのコミュニケーション活動の意味がある。

夢カード　4つのヒントが描かれている

ヒントと夢を伝え合っている

（3）終わりに

 以上の2つの活動例は，いずれも友だちに対する関心を高め，自分の好きなもの（こと），得意なことなどを自分のことばで自分の意思で伝え合う活動である。学習した英語を使って主体的に考え，判断し，表現することによって活動のねらいに迫る点で共通している。主体的な意思決定や表現活動が，子どもたちのコミュニケーションを本物で自然なものに近づけることになっているのではないだろうか。

（遠藤恵利子）

実践例 9

ICTを活用した教材開発，授業作り

(1) 実践のねらいと特徴

　学校教育においては，ICTを活用した教育活動の実践が奨励されており，外国語活動においても，絵カードを大型テレビに提示したりコミュニケーションのモデルを映像で見せたりと，活動の目標に応じて効果的にICTを使用した指導が数多く見られる。また，*Hi, friends!* のデジタル版を用いて授業を行っている学校も少なくない。

　今後教科化に向けて，児童の興味・関心を引きつけ主体的な学びを作り出すためのツールとしてさらなる工夫と教材開発が重要になる。

(2) 活動例

①替え歌
○ねらい：英語表現に慣れ親しむ
○学　年：第6学年
○テーマ（単元）：*Hi, friends!* 2
　Lesson 4 "Turn right"
○準備物，教材：パワーポイント，「さんぽ」（『となりのトトロ』のエンディングテーマ。作曲：久石譲）の音源（カラオケ）

（flower shopのイラストは『小学英語 絵カードプリント1400 CD-ROMブック』学研プラス より）

　Hi, friends! のデジタル版には，リズムに合わせて英語表現を言う "Chant" が各単元に収録されている。同様に，児童がよく知っている曲に，コミュニケーションの場面が明確になる表現（歌詞）をつけることで，効果的に英語

表現に慣れ親しませることができる。
○教材の作成
- 「さんぽ」のメロディーに，道案内のやり取りを表した歌詞（下記）を載せる。

  > Flower shop, flower shop,　　Where is the flower shop?
  > O.K. Follow me.　　Let's go together.

- パワーポイントで，道案内の表現ごとに絵カードを作成する。
○活動の進め方
- パワーポイントで作成した絵カードを示しながら，カラオケを流す。
- 児童は，「さんぽ」のメロディーに合わせて英語表現を言う（歌う）。
○Picture Cueと替え歌の利用
- 英語表現をインプットするということは，かなり難しいことである。そこで，絵カードを用いて語句の内容を表し理解の助けとする。

- 馴染みのある曲に合わせて言う（歌う）ことで，楽しく英語表現を身につけさせる。

② Three Hints Quiz
○ねらい：単元のゴールを示す，Three Hints Quizの作り方を示す
○学　年：第5学年
○テーマ（単元）：*Hi, friends! 1* Lesson 7 "What's this?"
○準備物，教材　PC，パワーポイント

　*Hi, friends! 1*のLesson 7では，単元のゴールとして「クイズ大会」が設定されている。しかし，子どもたちはクイズ作りをした経験が少ないせいか，上手にクイズを作ることができない。特に，Three Hints Quizは，みんなが知っている物を題材とする，ヒントの種類や出す順番を工夫するなど，留意点がいくつもある。そこで，Three Hints Quizを楽しく体験した後，実際に

Three Hints Quizを作成した。
○教材の作成
- パワーポイントで，Three Hints Quizを作成する。このとき，ヒントの種類や順番に重点を置く。

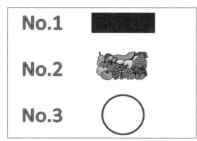

カテゴリーを絞る　　　　　３つの条件から考える

（イラストは『小学英語 絵カードプリント1400 CD-ROMブック』学研プラス より）

○活動の進め方
- ヒントを１つずつ示しながら，出題していく。

○留意点など
- 見ているようで見ていない，知っているようで意外と知らないものを問題に取り上げることで，児童の興味や製作意欲を高めることができる。
- 大きなカテゴリーから小さなカテゴリーへ異なる条件を提示するなど，どのようにヒントを提示するかということに重点を置いて問題を作成する。
- どのような問題がよい問題なのかを体験的に学べるように工夫する。

③ What's missing?
（ミッシングゲーム）

○ねらい：新出単語に慣れ親しむ
○学　年：全学年
○テーマ（単元）：全単元
○準備物，教材：PC，パワーポイント

Hi, friends! に，「メモリーゲ

（イラストは『小学英語 絵カードプリント1400 CD-ROMブック』学研プラス より）

ーム」という名前で登場している活動である。その活動を，デジタル化したのが"What's missing?"で，もともとは特別支援学級の児童向けに作成されたものである。特別支援学級の児童の中には，暗闇が怖くて目をつぶることをいやがったり，"Close your eyes."などのことばによる指示が伝わりにくかったりする児童もいる。そのような子どもたちにも楽しんで活動してもらうために作成した教材である。

○教材の作成
- 単元で扱う絵カードを，パワーポイントに貼りつける。
- 絵カードにアニメーション（動き）をつける。

○活動の進め方
- 6～8枚の絵カードを，児童に発音させながら提示する。

（イラストは『小学英語 絵カードプリント1400 CD-ROMブック』学研プラス より）

- 1枚もしくは複数枚のカードを消し，"What's missing?"を尋ねる。
- 児童は，なくなったカードを答える。

○留意点など
- 提示するカード及び消すカードの枚数は，児童の実態に合わせる。
- ひな型を作っておくと，カードの種類とアニメーションを変えるだけで，簡単にアレンジすることができる。

(3) 終わりに

　ICTを活用して教材を作成する最大のメリットは，児童の興味をひきつけられることと，教員間での教材のシェアが容易であるということである。作成へのハードルは高いかもしれないが，普段行っている活動をICT化するところから始めてみてはどうであろう。ICT教材は，児童の主体的な学びを保障し，学習指導要領の目的を達成する上で必要不可欠なものになると確信している。

（久保 稔）

実践例 *10*
タブレットを活用した反転学習の実践例

(1) 実践のねらいと特徴

　鴨川市立田原小学校の高学年では，反転学習を外国語活動に取り入れている。反転学習とは，習得を授業で行い，活用を宿題にするという従来のスタイルを入れ替える授業方法である。外国語活動の学習には，単語や会話の表現等を習得する時間と，それらを活用する時間がある。このうちの習得を，子どもたちが自宅でタブレットを使い予習してくる。事前に教師が習得させたい内容の動画を作成し，その動画を入れたタブレットを子どもたちが自宅に持ち帰って予習するのである。授業では，子どもたちが予習してきた内容を活かして，活用の学習を中心に進める。子どもも教師も新しいことにチャレンジしようという思いを込めて，本校ではこの反転学習を「チャレンジ学習」と名づけた。動画を活用した予習により，授業では，子どもたちが主体的にコミュニケーションを図り，学ぶことができる。

(2) 実践例

友だちと行きたいところを伝え合う　Let's go to Italy（第6学年）
〇ねらい
　　6年生は，共通の表現を用いて，自分の思いを友だちに伝える活動を重視している。修学旅行で友だちと観光をしたり，現地の人とふれ合ったり，おいしいご飯を食べたりした経験を生かして，本単元では，海外だけでなく国内の行きたいところも扱う。国内の地名を用いることで日本語のまま表現でき，本単元のキーセンテンスである"Where do you want to go?" "I want to～."の表現に十分に慣れ親しませることができるのである。さらに，小学

校を卒業するときに友だちと行ってみたいところ，大きくなったら行ってみたいところなど，いつかそこへ旅行に行くことを想定して調べ学習をすることで，子どもは主体的に活動することができる。一人ひとりの思いを伝えたり，英語で簡単なあいづちを打ったり，質問を考えたりする学習を取り入れ，よりコミュニケーションを充実させることもねらいとした。

○準備物

チャレンジ学習では，予習動画とワークシートを作成する。本単元の予習動画は，外国に関するものをALTとHRT，国内旅行に関するものをALTと校内職員で作成した。

外国に関する動画は，15個の国名と名所8か所，8種類の食べ物を扱った。これらは単語として扱うだけでなく，右の会話の中でも扱い，コミュニケーションのイメージをつかめるように作成した。また，校長

A：Where do you want to go?
B：I want to go to ~.
A：Why?
B：I want to eat/see/get/try ~.
A：Oh! Good.

出演の動画では，"I want to eat *dojyo*.(どじょう)"と子どもの食生活に馴染みの薄い食べ物を入れることで，「どんな味？」「おいしいの？」と思わず反応したくなるよう工夫した。

○教材

1) すごろくシート

本単元では，国名や名所，名産物など多くの単語に慣れ親しむ必要がある。そこで，右図のようにすごろくシートと3までの目のさいころを作成した。すごろくシートにすると，短い時間で何度も繰り返し発音することができ，さいころの目によって3つ連続で発音するなど，活動に変化をつけ，楽しみながら単

国旗すごろくシート

語に慣れ親しむことができる。また，教師がすべてのカードがそろっているか確認したり，カードを広げたり片づけたりする手間を省くことができ，授業中のマネジメントもスムーズに進む。

2) 個々のプレゼンテーション

国内旅行で行きたい場所とその理由が相手に伝わりやすいように，個々のプレゼンテーションを作成する。画像を見て，英語で相づちをうったり，質問したりすることでさらにコミュニケーションが広がる。

○アクティビティの進め方

毎時間アクティビティの方法が異なるとルール理解に時間がかかる。同じ方法のアクティビティを扱うことで，ルール理解の時間が短縮され，さまざまな表現に慣れ親しむことができ，効率よく単語や表現内容のレベルアップをさせられるよさがある。

名所すごろくシート

I want to go to Kyoto.
I want to eat *tempura*.
I want to see Kinkakuji Temple.
I want to try *maiko-taiken*.
I want to get Kyobaum and Yatsuhashi.

1) 国旗ヒントクイズ
- 色や形，数などの既習単語を使って3つヒントを出す。
- ヒントを聞いて，答えをワークシートに書く。

（例）ヒント1：The color is green, yellow and blue.

ヒント2：The shape is rectangle and circle.

ヒント3：This country is famous for soccer.

2) 国旗すごろく（ペア）
- サイコロを振りながら"Where do you want to go?"と言う。
- サイコロの出た目だけ進みながら，"I want to go to ~."とコマの国旗

の国名を英語で言う。
- 国名が合っていたら"OK.",違っていたら正しい英語を伝える。
- 1回ずつ交代して3分間行う。

3) 名所すごろく（ペア）
- 方法は国旗すごろくと同様である。

4) マッチングゲーム
- 黒板に国旗と名所，食べ物のカードを裏返して4枚ずつ貼る。
- HRTが"What's this?"と国旗を指さして聞く。
- 一人の子どもが，国旗を表にし，国名を英語で答える。
- もう一人の子どもが名所や食べ物のカードを表に向ける。
- 子ども全員で"What's this?"と聞く。
- カードをめくった子どもは名所や食べ物を英語で答える。
- 国と名所や食べ物が一致した場合は全員で"Matching!"，一致しなかった場合は"It doesn't match."と言う。

○評価

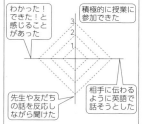

毎時間の評価は，右図の頑張りチャートと学習内容に合った振り返りを文章で書くようにした。

(3) 終わりに

　学習する単語や表現を家庭学習させるためには，子どもが学習に主体的に向かう姿勢を身につけさせる必要がある。そのためには見たくなるような動画の工夫が必要である。教師にも主体的に学びに向かう力が試される。チャレンジ学習を始めてから，子どもたちが自信を持って英語を話すようになった。英語で自分の思いを伝えたい，友だちの思いを知りたいという気持ちが育ってきているように思う。共通の表現だけでなく，伝えたいことをどのように言えばよいのか，積極的に教師に尋ねる子どもも多くいる。動画作成・編集を含む教材研究には時間がかかるが，子どもたちの主体的な学びを推し進めることによってこそ成果があがると感じている。

（渡邊知子）

実践例 11
道徳と連携した実践例

(1) 実践のねらいと特徴

　外国語をなぜ学ぶのだろうか。外国語活動にとって大切な問いである。あえて児童にそれを問いかけ考えさせる場面は外国語活動の時間では難しいことかもしれない。単語やフレーズを覚えたり発音の練習をしたりするためだけに外国語を学ぶのではなく，身近な人や，世界の人々と理解し合うために学ぶのだと知ることが大切であり，学んだことを自分の生き方にどう生かすのかを考えることが重要である。道徳の国際理解においてその目的をなす場面設定をすることができた。道徳的価値への理解も深まり，これからの生き方を考える場を与えることにつながった。外国語を学ぶ意義に気づいたとき，児童はより主体的に学ぶことができるようになるのである。

(2) 英語の絵本を取り入れた実践

○主題名：国境を越えて（内容項目　C［国際理解，国際親善］）
○ねらい：外国の人々や文化を大切にする心を持ち，日本人としての自覚を持って世界の人々と親善に努めようとする心情を育てる。
○教　材：「マザー・テレサ」（文溪堂『5年生の道徳』）
○外国語活動を生かした指導のポイント
　　マザー・テレサは，人種を問わず，貧困にあえぐ市民の最期を安らかに人間らしく過ごせるよう，その身を奉仕に捧げた。彼女の生き方を示した資料から「国境を越えた人間同士としての理解が大切である」と気づくことができるが，さらにその理解を深めるため，終末に *Bread, Bread, Bread* という英語の本を読み聞かせた。この本には，世界中のいろいろな人がパンを食べ

たり，パンを売ったりする姿が写真と英文で紹介されている。国によって食べるパンの種類も食べている人種も場所も違うが，児童は「パンを食べる」行為に人種も国境もないことに英語を聞いて気づいていく。"People eat bread all over the world." 遠い国に住む人々が身近に引き寄せられ「人間に国境はない」というマザー・テレサのことばとつながった。児童は「人は誰でもお腹がすくんだと思った」「人間は，人種が違ってもみんな生きることが大切だということがわかった」などとそれぞれ読後の感想を述べていた。

○展　開

	主な発問と予想される児童の反応　○発問	●指導上の留意点　☆評価
導入	1　外国人との関わりについて考える。 ○普段，外国の人とどのように接していますか。	●身近な外国人との関わりから，そのときの心情にふれ，ねらいとする価値への方向づけをする。
展開	2　「マザー・テレサ」を読み話し合う。 ○アグネス（テレサ）はどんな気持ちでインドに旅立ったのでしょう。 ○「死を待つ人の家」で，宗教の違う人々を受け入れたテレサの気持ちを考えましょう。 3　自分の生活を振り返る。 ○これから，外国の人とどのように接していきたいと思いますか。グループで交流しましょう。	☆テレサの迷いや決意について共感することができたか。 ●宗教や人種が異なっても崇高な理念で活動していたことに気づかせる。 ☆自分を振り返り，世界の人々と親善に努めようとする心情を高めることができたか。
終末	4　*Bread, Bread, Bread* を聞く。 ○いろいろな国々の人々といろいろなパンが出てきます。写真を見ながら英語をよく聞きましょう。	●外国の文化と人々の生命の大切さを感じられる本を読み聞かせる。 ●読後の感想を聞く。

(3) 日本文化を紹介する英語教材を取り入れた実践

○主題名：日本人として（内容項目　C［国際理解，国際親善］）
○ねらい：我が国の伝統や文化を理解し，日本人として自覚を持って世界の
　　　　　人々と親善に努めようとする態度を養う。
○教　　材：「わたしとゆかた」（文溪堂『5年生の道徳』）
○外国語活動を生かした指導のポイント

　主人公が留学生との交流場面で日本の文化や伝統についてよく知らなかったことに気づき，あらためてそれらを調べ，留学生との交流に取り組んだという展開である。

　授業の導入部分で「外国の人に日本の何を知ってほしいか」を問いかけた。本校周辺は外国の方や大使館なども多く，外国籍児童も珍しくないが，交流することに消極的な児童も見られた。英語をしゃべることに自信のないことを理由にする児童も見られたが，資料を読むと，英語がしゃべれることと英語を使って交流できることには違いがあることに気づいた。

　相手に伝えたいことや聞きたい内容が希薄では，交流は深まらない。流暢な英語を話すことに焦点を当てるのではなく，自国を知り，自国を誇り，自国の問題点をも知ることが，国際理解には重要なことである。外国語活動も同様だ。何を聞きたいか，何を伝えたいか，常にその必然性を考えて授業をしている。2つの領域を関連させたことで道徳と外国語の価値が同じベクトルになり，外国の人と交流するときに大切なことは何なのか，深く考えさせることができた。

　また，*Welcome to Tokyo*（東京都教育委員会制作）や*Discover Kabuki*（国立劇場制作）を使って終末の活動を展開し，外国の人は日本の歴史や文化を知ると，とても喜ぶことに気づかせることができた。

　さらに児童は，6年生で学ぶ歴史や母語である国語の学びの重要性について考え，「アニメや自動車だけでなく，昔からある伝統や文化も外国の人には興味深いということがわかった」「日本のことを学ばないと，外国の人を

もてなせないと思った」「日本語でしっかり考えてから英語で話したい」とそれぞれの思いを述べていた。

○展　開

	主な発問と予想される児童の反応　○発問	●指導上の留意点　☆評価
導入	1　日本の文化について考える。 ○外国からの転校生に日本のどんなことを知ってほしいですか。	●日本の文化を意識させ，本時の方向づけをする。 ●外国籍児童やALTに日本について尋ねる。
展開	2　「わたしとゆかた」を読んで話し合う。 ○「ゆかたを着てお迎えしよう」といったときの知美はどんな気持ちでしたか。 ○マイクの質問に答えられなかった知美はどんな気持ちでしたか。 ○ゆかたについて調べようと思った知美の気持ちを考えましょう。 3　自分の生活を振り返る。 ○外国の人が日本に来たら，どのように接していったらよいでしょう。	●外国のお客さんをもてなそうとする心情に共感させる。 ●ゆかたのことを知らない自分を残念に思う心情を考えさせる。 ●正しく浴衣のことを伝えたいという心情を考えさせる。 ☆日本の文化や伝統を大切にし，日本人として外国の人と交流しようという気持ちを持てたか。
終末	4　日本の文化や伝統を英語で紹介している資料や画像を見る。	●*Welcome to Tokyo* Culture編DVDや*Discover Kabuki*を活用して日本の文化を英語で紹介している場面を見せ，具体的にイメージできるようにする。

（中嶋美那子）

実践例 12
総合的な学習の時間と連携した実践例

(1) 実践のねらいと特徴

　第6学年になると，卒業に向けたさまざまな取り組みがなされる。その中心をなすのが，調べたり取材したりしながら探究的な学びを進める総合的な学習の時間である。また，図画工作の卒業製作や家庭科の作品，学校の最上級生として活躍する特別活動，学級活動の話し合い活動による成長など，さまざまな活動を通して卒業への意識が高まっていく。

　外国語活動も重要な役割を果たす。将来の夢についてのスピーチでは，子どもたちは，発表や友だちのスピーチを聞くことで，単に"I want to be ~."と言えた喜びだけでなく，自身の語彙力のなさや表現力の乏しさなどいろいろなことに気づく。また，多くの人の心をつかむ発表，心が伝わってくる発表などにふれる機会は，新たな視点を与え，自分の足もとを見つめ直し，自分なりの表現方法を探り，自身の想いを伝える工夫をしようと努める姿勢を生み出す。卒業に向かって成長する子どもたちの総仕上げとしての外国語活動の意義を感じる瞬間である。

(2) 実践例

卒業に向けて～On my graduation～ (*Hi, friends! 2* Lesson 8 What do you want to be?)
○ねらい
- 人や友だちの想いを知ろうとする。
- 職業や人の想いに関する英語の表現に慣れ親しむ。
- 主体的な取り組みを通して，想いを伝えることばの広がりや文化の背景に気づく。

○学　年：第6学年
○展　開

時	学習活動	支援の工夫
1	○*The Calendar of the Earth*を，ヒントの絵カードを見ながら聞く。 ○聞き取れた単語や想像した内容をペアやグループで話し合い，発表する。	・少しでも聞き取れる単語があり，内容を想像できればよいことを伝える。 ・外国語活動に真剣に取り組んできたので，ある程度聞こえるようになることを伝える。
2	○将来，なりたい職業について考える。 ○さまざまな職業の英語表現に慣れ親しむ。カード/ジェスチャー等を使用する。teacher/doctor/tennis player ○「クイズ○○人に聞きました」に取り組む。	・将来について決まっていない児童にも配慮して進める。 ・カードでの練習はテンポよく進める。 ・ジェスチャーやポイントゲームなどを工夫して行う。 　（職業当てや偉人クイズなど） ・学年全体でアンケートをとったデータを使用する。
3	○卒業という区切りに何を思うか確認する。 　・感謝・自分の成長・喜び・さびしさ・期待など ○習った英語の表現で自分の気持ちを表せるかを考える。 　・想いを伝えるのはことばの数ではないことを知る。 絵本 *Yo! Yes?* を聞く。	・自由な発想を促すために日本語で考えてもよいこととする。 ・*Hi, friends! 1, 2*を参考にして調べたり確認させたりする。 ・日本語訳で英語表現を見つけることは難しくわかりづらいことを実感させる。 ・日本語の想いを表す英語表現の具体例を用意する。
4 (本時Ⅰ)	Speechを聞く ○人の心に伝わることばにふれる オバマ大統領の演説 　　"Thank you." 　　"Yes, we can." キング牧師の演説 　　"I have a dream."	・想いを伝えるオバマ大統領のスピーチを用意し，canが使われている本物のスピーチを聞かせる。 ・キング牧師のスピーチを用意し，道徳で学んだマーチン少年の本物の声を聞かせる。
5 6 (本時Ⅱ)	○卒業に対して，まわりの人の想いを知る。自分自身を見つめ直すきっかけにする。 ○*The Calendar of the Earth* を聞く。	・人類の歴史を考えながら，英単語や英語の表現にふれさせる。 ・4月のスタートを思い出させ，聞き取れるようになった成長をほめる。
7 8	○卒業に向けて，担任が英語で想いを伝える。（手紙など） ○卒業にあたり，伝えたいことを英語表現と結びつけて考え，発表する。	・具体的なヒントを出すことで，表現方法に広がりを持たせる。

○単元計画（8時間）
○本時Ⅰ・Ⅱの授業展開

あいさつ（日直）
- 日直から，HRT & ALT とあいさつをする。
- HRT & ALT から名札を受け取る。"It's mine."

本時Ⅰ

パターン化
- 感情を入れて練習する。

感謝	Thank you.
好み	I like ~.
成長	I can ~.

↓

活動　本物体験
- 本物の Speech を聞く。

Speech 1　Yes, we can.
Speech 2　I have a dream.

- 卒業に向けて贈られる担任からの Speech を聞く。

ジェスチャーや英語のよしあしではなく想いの熱さだと感じる。

本時Ⅱ

活動1　本物体験
- *The Calendar of the Earth* を聞く。

1回目→2回目 ゆっくりと→
3回目 通常の会話と同じ速さで

- 聞こえた単語が何を示していたかを確認する（カレンダーや地球儀，絵カードや図鑑）。

活動2　本物体験
- 活動1の英文を ALT に小学校6年間の思い出版に創作してもらったものを聞く。*The Calendar of Your ~ Life in School Days*
- HRT は上記の英文に合わせた映像を用意する。

振り返り
- 卒業に対する想いを自分たちも英語を含めた表現で伝えられるかもしれないという気持ちになる。

あいさつ（日直）
- 日直から，HRT & ALT へあいさつをする。
- ALT に名札を返却する。"Thank you, ~ Sensei."

○活動の進め方
1) 1年間の最後に聞かせる *The Calendar of the Earth* を使うことで，今までの学習（1～5年）が聞き取りに役に立っていることを実感させるとともに，聞く力をつけることの大切さに気づかせる。
2) 卒業を迎え自分の想いをいろいろな場面でしっかりと伝える必要があることを伝える。発表は謝恩会のような保護者が多く集まる日を設定し，4年時の「2分の1成人式」以上のものを作り上げること，英語を使うことで自分たちが活躍する舞台は世界なのだということを意識させる。
3) 人を感動させる本物のSpeechを聞かせ，文章はシンプルでも声に力があれば感動を呼ぶことに気づかせる。また，強く伝えたいという想いがあるからこそ聞き手に伝える工夫が生まれることにも気づかせる。<u>想いからしかことばは生まれない</u>のである（滝川クリステルさんの「お・も・て・な・し」（フランス語）や国連で発表されたマララさんのスピーチなどを使用）。
4) 担任の教師が子どもたちへの想いを英語にしたためてスピーチをする。気持ちを込めて伝える教師の声は感動を生む。英語のうまさよりも，メッセージを伝えようとする真剣な姿を見せることが教師の最後の授業である。

(3) 終わりに

　子どもたちの身近な題材を教材にすると「伝えたい！」という気持ちが生まれやすくなるようだ。他教科で習っていることや年間行事に関連すること，また各学年の児童の成長に応じた内容を選ぶことが肝心である。また，子どもたちは教師やALTのデモンストレーションを見ることで発信したい気持ちやコミュニケーションの工夫についてのさまざまな刺激を得る。完璧な英語でなくても，相手を意識した心のこもった担任のスピーチやALTとのやり取りがよいモデルとなる。伝えることへの興味や意欲が生まれるとジェスチャーや絵を使って主体的にコミュニケーションをとるようになってくる。発信活動の前に「心を耕す」工夫をしっかりと準備することが大切である。

（渡部栄美）

実践例 13
文字への気づきを大切にした実践例

(1) 実践のねらいと特徴

「数字の13と30の英語ってなんか似ているけどちょっと違う」など，子どもたちは，英語の音声にふれる中でさまざまな発見をつぶやく。授業中の気づきや疑問などに立ち止まって考えを交流する中で，子どもたちなりにことばを整理し主体的に学ぼうとする姿を大切にしていきたいと考える。

そこで，文字と発音の関係に気づくことをねらいとし，次の点をポイントに単元を構想し実践した。
○遊びを通して友だちと英語でやり取りしながら繰り返し英語のことばにふれる。
○文字と発音の関係性に焦点化するゲームを工夫し気づきを促す。
○困り感に立ち止まり，互いの気づきを交流しながらことばの仕組を見いだす。

(2) 実践例「アルファベットで遊ぼう 〜発見！英語のひみつ〜」(第5学年)

○育てたい子どもの姿

　　Go Fishやマッチングゲームなどの遊びを通じ，英語のやり取りを楽しむ中で，日本語とは異なる英語の発音にふれ，文字と発音の関係からことばの仕組みを主体的に探っていこうとする子ども

○単元計画（6時間取り扱い）

学習活動	主体的な学びを促す手立て（教材・教具）	時間
1	英語でGo Fishゲームを楽しみながら，ほしいアルファベットカードをやり取りする。	・ゲームを通して英語独特のアルファベットの音声に繰り返し慣れ親しませることで，日本語とは異なる音声の特徴に気づくことができるようにする。 ・アルファベット26文字を7つのグループに分類させ，	2

		それぞれの音声の特徴に気づくことができるようにする。 （例：What do you want? I want A card.）	
2	マッチングゲームを行う中で，なぜその組み合わせなのかを考える。	•「マッチングゲーム①」を行い，文字の共通部分に注目できるようにする。 （例：「cat」と「cap」がペアになる） •「マッチングゲーム②」を行い，文字が共通するのに発音が異なることに注目できるようにする。 （例：「tap」と「tape」がペアになる）	2
3	校内の英語案内板を作る。	•校内にある部屋や物の英語を調べ，文字を書き写すことで，学んだことを生かして読んだり，新たな読み方への関心を高めたりできるようにする。	1
4	学習を振り返り，英語ジャーナルにまとめる。	•毎時間の振り返り記入をもとに，単元全体を振り返らせ，「My Dictionary」に整理させる。	1

○活動の実際

【STEP 1】「アルファベットで遊ぼう」

　まずは，アルファベットの音声を聞いてまねする活動を十分に行う。「なんか言いづらいなあ」という困り感を声に出す子どもがいたら気づきを交流するチャンスである。「どのアルファベットが言いづらいの？」「似たような音はほかにもある？」など，教師が介入しながら英語の音声の特徴に気づかせていった後，次の2つの活動を行う。

Go Fish ゲーム （準備物：アルファベット大文字カード2組52枚）

　"What do you want?" "I want A card." など，ほしいアルファベットを尋ね合う英語表現にたっぷり慣れ親しませた後で行う。グループに52枚のアルファベットカードを配る。1人5枚取り，残りはまとめて中央に置く。順番が来たら，（残りの3人が "What do you want?" と尋ねた後）誰でもよいので指名し，ほしいカードを答える。相手が持っていれば手持ちのカードとペアにして捨てることができる。手持ちのカードがなくなれば勝ち。学びを振り返る時間，子どもたちからは，「きちんと発音して伝えることが大切」「英語独特の発音はカタカナでは表現できない」など音声に対する気づきが出さ

れた。

26文字を分類しよう！ (準備物：7色に分けたアルファベットカード)

　26文字のアルファベットを7つに色分けしたものを提示し，どんな分け方になっているかを話し合わせていく。アルファベットの名称には共通する音が含まれている（例えば，J, K, HはA［エイ］の音が含まれている。また，Q, WはU［ユー］である）。まずは，一人で考えさせた後にグループで話し合わせると，子どもたちは繰り返し発音し確かめながら気づきを交流していった。

【STEP 2】「マッチングゲームで遊ぼう」

　英単語カードによるマッチングゲームを2段階（ゲーム①，ゲーム②）で行うようにした。STEP 1でも使用した英語表現"What do you want?" "I want ~."で，カードを2枚選び，裏の数字が合えばカードを獲得できる遊びである。その際，ほしいものを英語で言う人，それを聞いてカードをめくる人と分けて行わせることで英語を介したやり取りができるようにする。

　ゲーム①では，同じ音が入っている単語がペアになるように作成しておく（例えば，「CAP」と「CAT」をそれぞれ裏返せば同じ数字になる）。すると，子どもたちはゲームを進めながら，何らかのきまりを自ら発見していく。実際に5年生で実践してみたときのことだが，ゲームが終わると，自然とペアになる

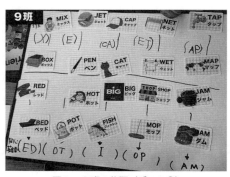

図1　9班の分類（ゲーム①）

図2　8班の分類（ゲーム①）

もの同士を並べ，気づきをホワイトボードに書き込み始めた。班により分類の仕方が異なっていたので，全体の場で比較させると，文字と発音の見方・考え方に広がりが生まれた（図1・2参照）。

次に，ゲーム②では共通する文字を含んでいるのに発音が異なる単語（例：「TAP」と「TAPE」，「SIT」と「SITE」など）がマッチングするように作成しておく。子どもたちは，前回のゲーム①を活用し，同じ文字に注目してカードを選び始めるが，「あれっ，どう読めばいいの？」と立ち止まる。そこで，全体で話し合う場を設定し，疑問を出し合わせると，文字と発音のきまりを自分たちなりに見いだしていった（図3・4参照）。

図3　ゲーム②の後，分類する子どもたち

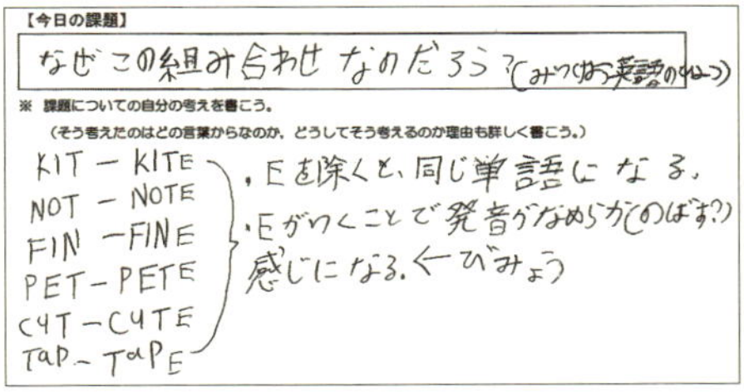

図4　振り返りシート（ゲーム②）

(3) 終わりに

本実践は，アルファベットの母音を中心に文字と発音の関係が特徴的なことばに焦点化して取り組んだ。マッチングゲームで「どう発音したら通じるの？」という疑問に立ち止まったからこそ，子ども自ら，文字や発音を手がかりに試行錯誤し，英語の性質や仕組みに関するきまりを自分たちなりの「ことば」で表す姿が見られた。教師が一方的に教えるのではなく，英語のやり取りを通じた遊びの中に，文字と発音のちょっとしたおもしろい仕掛けをすることで，子どもの主体的な学びが生まれるのだと気づかされた。

（前田陽子）

実践例 14
学級作りにつながる実践例

(1) 実践のねらいと特徴

担任が学級作りの土台として大切にすることは，子どもたちが安心して学習に臨める教室環境を作ることである。児童同士のコミュニケーションを円滑にしながら良好な人間関係を築くこと，特に，「学び合い，

高め合える」児童の関係を築くためには，ほめられる機会がたくさんある外国語活動が大変有効である。異なる文化的背景のあるALTから，ことばや態度で認められ，ほめられる体験は，児童の自己肯定感の高まりを促す。また，子どもたちはお互いに関心を持ち，より深く理解しようとする。日常的にペアやグループ学習を通して，誰とでも温かいコミュニケーションがとれるよう，学級経営の視点を盛り込んだ授業展開が大切になってくる。

この単元では，社会科で学習した都道府県の特徴や，年間の行事・イベントをまとめた日本語のパンフレット資料を活用して，英語によるプレゼンテーションを行った。

単元目標は，「既習表現とあわせて社会科で学習した都道府県についての情報を紹介し，行きたい場所を尋ねる英語表現"Where do you want to go?"を使って，友だちが行ってみたいと思うように工夫して質問する」である。

(2) 実践例

○ねらい：相手を意識してわかりやすく伝える
○学　年：第4学年

○テーマ，単元:「行ってみたいな○○県」(3時間)
○準備物，教材:CDプレーヤー，社会科で作成した都道府県のガイドブック，
　　　　　　振り返りシート
○活動の進め方
　1時間目　「どこに行きたいかを英語で尋ねられるようになろう。」
　　　　　　"Where do you want to go?"（ペア学習）
　2時間目　「行ってみたい県について会話をしよう。」
　　　　　　会話に必要な英語表現を知り，慣れ親しむ（ペア学習）。
　3時間目　「友だちが行ってみたいと思うように，さまざまな県を紹介しよう。」
　　　　　　よりよいコミュニケーションのとり方を意識しながら，会話をする
　　　　　　（ペア→グループ学習による学び合い）。
○授業づくりで大切にしていること
　1)「すわふわことば」「すわふわ態度」

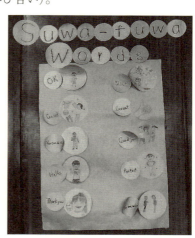

学級の掲示物「すわふわことば」

　　日本語でも英語でも，相手を尊重して，わかりやすく伝えようとすることの大切さに言及し，子ども自身が，より自分の気持ちが相手に伝わりやすいことばを選び，伝えるときの態度に配慮する。学級の掲示物には，子どもが選んだ「すわふわことば」（学校名の「諏訪」と「ふわふわ」を合わせた造語）が，日本語や英語，中国語でも書かれている。

> 例）"Suwa-fuwa Words"（すわふわことば:気持ちよくやり取りができる，
> 　　相手を意識したやさしいことば）
> 　　Hello!　Nice!　Good!　Wow!　Very good!　I like it!　Thank you!
> 　　Awesome!　I see!　Sorry!　Bye!　など

　　担任もALTも「すわふわことば」や"Suwa-fuwa Words"を使って，積

極的に子どもたちのよい姿をほめることを，外国語活動のコミュニケーションの土台にしている。
2)担任の役割とALTの役割
　担任：児童を一番理解している担任の役割として，
　　（ⅰ）　1時間の学習の見通しを伝える。
　　（ⅱ）　授業のねらいと評価（振り返り）を担当する。ねらいに近づく児童の姿をとらえ，ほめながら全体で共有させる。
　　（ⅲ）　積極的に英語を使おうとするモデルを見せる。
　ALT：英語話者として，英語や文化にふれさせる。

　　（ⅰ）　生の英語を聞かせる。話し方を見せる。文化的な背景までを含めて体験させる。
　　（ⅱ）　子どもたちの頑張り，よいところをほめ，自己肯定感を高める。

　　（ⅲ）　子どもたちの英語による発信を受け取り，応える。
3)ペアワーク，グループワークでの学び合い
　学級の誰とでも学び合える，高め合える関係を築き，質の高いコミュニケーションをめざす。ペアで活動をした後，相手を変えて活動をしたり，4人グループで発表のリハーサルをしたり，アドバイスをし合ったりする。外国語活動だからこそ自然に，何度も実施可能で，学級経営，学級作りには欠かせない協働学習が生まれる授業形態となる。
4)学級全体での共有
　担任とALTによる評価や児童自身の振り返りを大切にする。英語のインプット，コミュニケーション，児童同士の活動などそれぞれの場面で即座によいところはほめ，全体で共有する姿勢をベースに，子どもたちが意識して頑張ったところを担任がすぐに拾い，学級全体に広げる。授業のね

らいを伝え，その振り返りを担当する担任が，コミュニケーションや学級作りで大切にしていることと絡めて役割を果たしていくことが重要である。

(3) 終わりに

外国語活動を通して，相手を尊重する気持ちや，自分の気持ちがよりよく伝わる態度を意識するようになった。普段目立たない友だちが外国語活動で生き生きと活動する姿を見て，大いに刺激を受けたり，友だち理解が進んだりしたという事例が多くあがるようになった。日常的
なペアやグループ学習や会話，プレゼンテーションなどをする場合に，発信する側と受信する側の双方が，相手のことをよく考えて伝えようとしたり，聞いたりしながら会話をつないでいくことの大切さがわかったようである。日常生活のさまざまな場面で担任が学級経営で大切にしていることを，外国語活動の場面で意識すると，より成果が出やすくなる。そのことを担任自身が一番実感している。子どもたちの学び合い高め合う姿が見える外国語活動の授業—授業作りの工夫をしながら授業を磨いていくことの積み重ねが，日々の授業改善の姿につながっていくのである。

（阿部優子）

（参考資料）単元の振り返りシート

実践例 15
国際理解教育の視点で作る実践例

(1) 実践のねらいと特徴

　小学生にとって身近にふれ合える外国人は，ALTをはじめとした外国から日本へ来た人であろう。国際理解教育としての英語教育は，子どもがさまざまな外国文化にふれ日本との違いに気づくだけでなく，将来にわたって出会う異文化を持つすべての人々を受容し共生できる態度や能力を育てるよい機会である。他文化を知ると同時に自国や住んでいる地域の伝統や文化を調べ，自文化に誇りや価値を見いだす心を育てることや子どもに「伝えたい」という想いを持たせることが大切である。高学年になると，自分の伝えたいことを条件や相手に合わせ工夫して伝える活動を他教科・領域において多々経験している。その力を，英語を話すスキルだけでなく社会性やコミュニケーション力も育てつつ，自分のことばとして英語に想いをのせて伝えようとする活動をめざした。

(2) 実践例

①Do you know about Japan?（第5学年）

○ねらい：社会科の発展として4年生で配布される地図帳を使い，どの都道府県にも魅力ある食べ物や場所，伝統や文化があることに気づかせる。魅力を伝える英語表現(動詞や形容詞)や使う場面を担任の都道府県紹介を通して理解させる。自他の発表を通して，相手意識を持ったよりよい発表の仕方にも気づかせる。

ALTにグループで紹介する

○準備物，教材：都道府県紹介スライド（発表カードと同形式），社会科地図帳，発表カード

○活動の進め方

第1〜4時：担任単独，第5時：ALTとT.T.授業（全時間T.T.でも可）

単元【Do you know about Japan?】全5時間		
時	学習内容と活動のねらい	言語材料
1	・都道府県や県庁所在地を伝える表現を知る。 ・都道府県の魅力を伝える表現を知る。 ・HRTの都道府県紹介①（大分）を聞く。 ・地図帳を使って都道府県クイズをする。	We will tell you about Oita. Oita is in Kyushu. The capital city is Oita. Oita is so fun. Do you know/ like ~? What ~ do you like? We like ~. ~ is popular (famous/ long/ beautiful/ old/ new/ hot/ high/ delicios/ …). Let's go to Oita. （＿＿＿には地域名,県名,市名を入れる。）
2	・都道府県や県庁所在地を伝える表現や魅力を伝える表現に慣れる。 ・HRTの都道府県紹介②（北海道）を聞く。 ・地図帳を使って都道府県を選ぶ。	^
3	・都道府県や県庁所在地を伝える表現や魅力を伝える表現に慣れる。 ・HRTの都道府県紹介③（東京）を聞く。 ・紹介する都道府県を調べ，発表の準備をする。	^
4	・都道府県の魅力を伝える表現を使って，グループで発表の準備をする。 ・iPadで発表を撮影し，改善点を修正する。	^
5	・ALTに調べた都道府県の魅力を伝える発表をする。	^

　第3時までは担任が毎時間都道府県紹介スライドを作り，第5時の発表で使えそうな表現を発表形式で繰り返し聞かせる。famousやpopularなどの特色を表すことばも導入しながら紹介する。4人1組に8地方から1つずつ割り当て，その中から相談して1県を選ばせ，右図のようなB4判画用紙に地図帳などで調べた県の特色を描かせる。第4時は発表カードを使って発表練習をし，伝えたいことが伝わっているかiPadで確認し合って改善させる。第5時はALTに紹介し，質問や行きたくなった県，

グループで調べて発表カードを作る

発表態度やよい発表の工夫等についてコメントをもらう。学級全体でよい発表や互いのよかったこと，改善していくことについて話し合い，理解を深めていく。5年生は社会科で国内のことを学ぶが，他県のことがわからない子どもも多いので，担任が子どもたちと対話しながら紹介するなど，工夫して子どもの興味・関心や創造性を引き出していくようにするとよい。

② **Let's introduce each other.** (第6学年)

○ねらい：*Hi, friends! 2*の2単元と自県の特色紹介活動を1つにしたプロジェクト型単元である。音声絵本やALT，留学生から英語でまとまった量の話を聞き，新しい出会いから英語表現を使う場面を知り，言語や文化に対する知識・理解を増やす機会にする。

タイの挨拶を体験

単元を通して英語で伝え合う努力をする中で交流時の態度を振り返って考えさせる。話す文を覚えて言うだけでなく，相手に合わせて内容や方法を工夫させ，英語が伝わる愉しさや学びが役立った実感を高める活動をめざす。

タイの文字との出会い

○活動の進め方(次ページの学習指導案参照)

　第一次は自己紹介に役立つ表現を学ぶ。ALTや担任のパスポートやビデオ教材から表紙デザイン，日付・名前表記等の多くの異文化に出あえる。絵本*Me Myself*や*What can you do?*は自己肯定感を促し，読み手に最後の場面で問い

ゴーヤーを見せながら発表

かけてくる。子どもの状態や教師の力量によってさまざまな展開も可能である。

　第二次は地理的・文化的な違いを留学生の話をもとに考える。英語を母語としない留学生の出身国の様子を英語で聞き，交流する中で英語を学ぶよさを感じさ

三線を弾く

せていく。最後に留学生に自県のことを教えてほしいと子どもへリクエストしてもらうと，第三次の活動へスムーズにつながる。

　第三次は　留学生へのお礼に自県の特色紹介をこれまでに学んだ知識・技能・態度を生かして英語で伝え合う活動を行う。国語の単元「ようこそ，私たちの町へ」に関連させ，4人1組で沖縄紹介を英語で作らせる。内容やシナリオ，小道具，方法等はグループで相談して決め，発表し合う。

プロジェクト型単元【Let's intoduce each other.】全11時間			
次	時	学習内容と活動のねらい	言語材料1
第一次	1	・ALTの自己紹介を聞く。 ・プレキソ英語Episode16を視聴しパスポートについて知り，自己紹介パスポートを作る。	My name is~. I'm ~ years old. I have a father, mother, …. I live in ~. I like/ don't like ~. I can/ can't ~.
	2	・絵本 *Me Myself* の読み聞かせを聞き，自己紹介内容を考える。 ・動作を表す語やcan, can'tを使って自分のことを考える。	
	3 交流①	・絵本 *What can you do?* の読み聞かせを聞く。 can, can'tを使って友だちとインタビューし合う。	What can you do? I can/ can't ~. Can you ~? Yes, I can. No, I can't.
第二次	4	・「12か月」の表現に慣れ，季節の表現を知る。 ・オーストラリアの季節や時期の違いに気づく。	It's in ~. When is ~? 12 months. spring/ summer/ fall /winter When is summer? How do you say ~ in English?
	5 交流②	・「12か月」の表現や季節の表現に慣れる。 ・ALTや留学生の出身国紹介を聞く。(1) ・外国の季節や時期や文化の違いを考える。	
	6	・月や日付の英語表現に慣れ，自分の誕生日や仲間の誕生日について尋ねたり答えたりする。 ・日本語と英語の月名の由来について知る。	When is your birthday? My birthday is December 25th.
	7 交流③	・ALTや留学生の出身国紹介を聞く。(2) ・外国の季節や言語，文化等について，日本との共通点や相違点を考える。	What is it (this)? spring/ summer/ fall /winter When is summer?
第三次	8 9	・グループで沖縄のことについて紹介する項目を決め，どんな紹介にするのか考える。 ・紹介する内容をiPadなどで調べたり，発表原稿をグループで相談して作り，発表の練習をする。	We will tell you about ~. ~ is famous in Okinawa. ~ is popular in Okinawa. Do you like ~? We/ I like ~. Can you ~? We/ I can ~. (~ is bigger than ~. ~ is the biggest in Okinawa.)
	10	・グループ発表をして，学級全体で紹介の仕方をアドバイスし合って修正する。	
	11 交流④	・留学生を招いて沖縄の自然や文化等について，グループで紹介する。	

(3) 終わりに

　外国人交流が難しい場合はビデオレターにして他県や近隣中学校との交流にする展開も考えられる。また同じ発表をJICA研修生に行うと，違う相手に子どもは方法を変え，最初の反省点を修正して発表した。子どもの「伝えたい」「聞く人を愉しませたい」という想いが主体的な学びへとつながっていく。限られた時間の中で，子どもが友だちやALT以外との体験的活動を通して他者と共生するための学びを深めるには，各教科・領域と関連づけたカリキュラム・マネジメントをていねいに行い，活動の目的を明確にした取り組みを積み重ねることが大切である。

（新川美紀）

実践例 *16*

海外との交流事例

(1) 実践のねらいと特徴

　グローバル化する社会を生き抜く児童を育てる上で，尾道市立日比崎小学校が研究を進めてきた外国語活動をさらに深化・発展させるとともに，実践的なコミュニケーション能力を向上させるために，外国との交流を考えた。

北園國民小學の児童を迎えた交流会

　平成26（2014）年度から台湾の嘉義市立北園國民小學との交流を行っている。主に5・6年生の児童が外国語活動の授業を通して交流しており，台湾に住む同年代の児童とこれまでに学習した英語を使ってやり取りすることができる喜びを実感させるとともに，多様なものの見方や考え方を理解させることをねらいとしている。

　交流する相手国を台湾とした理由は，尾道市が台湾と友好な関係を築いたことに加え以下の3点にある。1点目は，英語を外国語として学ぶ環境（EFL）にあるということである。つまり，交流する際，お互いが同じ土俵でコミュニケーションをとることができるところにある。また，英語を使えば，いろいろな国の人とも交流できることを体験の中で理解することもできる。2点目は，台湾との時差が少ないことである。ICTを活用したリアルタイムの交流ができることで，英語とICTで世界とつながることが可能であることを体験できることの意義も大きい。3点目は，台湾の人が親日的であると同時に，政情も安定していることである。

　この交流に向けて，平成26（2014）年7月と12月に北園國民小學に本校職員が各10名ずつ出向き，事前交流をした。同時に，各学年でつけておきたい力や

英語表現を整理した。また，交流の際に，これまで学習した英語表現を使ってやり取りすることができるようにするため，低・中学年から英語を使って主体的にコミュニケーションを図ろうとする態度の育成を図っている。

(2) 実践例

①インターネットのテレビ電話（Skype）を活用した交流授業

○ねらい：台湾に住む同年代の子どもとリアルタイムで交流することを通して，主体的にコミュニケーションを図ろうとする態度の育成を図るとともに，異文化に対する理解を深めさせる。

○学　年：第6学年

○テーマ（単元）：台湾の友だちとの交流を楽しもう（6年生，11月単元）

日本のよさを紹介する児童（6年生）

○準備物，教材：Webカメラ，PC，大型ディスプレイ（プロジェクタ，スピーカー）

○活動の進め方

時	学習内容	評価の観点			
		関心意欲態度	慣れ親しみ		気づき
			きく	話す	
1	台湾や交流先の学校の様子について知る。		◎		○
2	台湾の友だちに伝えたい日本のよさを考え，その表現に慣れ親しむ。		○		
3	日本のよさを紹介する表現に慣れ親しむ。		○	◎	
4	学級の友だちに日本のよさを伝える。			○	
5	日本のよさがよりよく伝わるような紹介の仕方を考え，友だちに工夫して伝える。	◎		○	
6	ALTに日本のよさを紹介する。	◎		○	
7	台湾に住む同年代の子どもと，お互いの国のよさを交流する。	◎			○

○評価，振り返り，留意点など

　児童は，台湾に住む同年代の子どもとリアルタイムに交流することができるということで，交流授業に向けて主体的に学習に取り組んでいる。交流授業の前には，グループやペアで互いに紹介する様子をタブレットPCに録画し，視聴し，自分たちで改善の工夫をするようにして

自己紹介をする児童（5年生）

いる。客観的に自分の話し方を確認することができ，相手によりよく紹介するための伝え方を工夫し，気持ちのよいやり取りに大切なことに気づく機会になっている。声の明瞭さや表情，画面の位置だけでなく，習い事で続けている柔道を伝えるために柔道着を着て紹介したり，けん玉をやって見せたりするなど，それぞれが自分の伝えたい内容をよりよく伝えるための工夫を取り入れながらやり取りをするようになった。また，伝える内容に興味を持ってもらおうと，5年生「クイズ大会をしよう」での学習を生かして，伝えたい内容をスリーヒントクイズにして紹介するなど，非言語だけでなく紹介の仕方を工夫するようにもなった。

　ICT機器を活用した交流になるので，音声がはっきり聞き取れないこと，映像が鮮明でないことから相手の表情がわかりにくい場合もある。また，台湾の児童の英語の発音が自分たちが教えてもらった発音と違うことがあり，話し手の意図を正しく理解できないこともある。しかし，こうした交流を通して児童は相手に伝わるようにことばを用いることの大切さを実感し，相手が話したことに身振りや表情なども使って反応したり，ていねいに説明したりしながらやり取りすることの大切さにも気づくことができた。

②台湾の北園國民小學による日比崎小学校への訪問

　インターネットのテレビ電話による授業から交流が始まり，平成27（2015）年度には7月，平成28（2016）年度には2月に，北園國民小學の児童と先生が本校を訪れるまでに交流が広がってきている。

訪問当日は，全校児童で交流会を開いた後，5年生と6年生の授業に参加し，一緒に体を動かして楽しんだり，英語を使ったゲームをしたりして，交流を深めた。7月の訪問では，日本の伝統行事である七夕を紹介し，一緒に短冊を作りながらお互いの文字の違いから異文化理解を深めることができた。2回目の訪

北園國民小學の先生とのT.T.

問では，北園國民小學の英語を担当している先生が外国語の授業に入り，ティーム・ティーチングで外国語活動の授業を行った。

③その他

上記の交流授業以外にも，毎年クリスマスカードを交換したり，インターネットのテレビ電話を通して互いの行事に参加したりするようになるなど，学校で学習した英語を使って交流を深めている。

台湾から届いたカード

(3) 終わりに

台湾の学校との交流は，シラバスや長期休業日の時期が違うこと，授業や打ち合わせの際に時差を考慮すること，何より打ち合わせを英語で行わなければならないことなど，課題もある。しかし，台湾の同年代の児童との

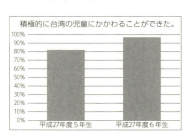

児童への意識調査

交流が始まってからは，児童はこれまで以上に相手を意識してコミュニケーションをとろうとするようになった。5年生から2年間交流してきた6年生児童の95％以上が「積極的に交流することができた」と回答している。同年代の児童と英語でやり取りする楽しさを味わうことで，外国語活動の学習にも主体的に取り組むようになった。今後も児童が英語を使って主体的に海外の児童と関わり合えるような取り組みを進めていきたい。

（尾道市立日比崎小学校）

実践例 17
特別支援学級における
ソーシャルスキルを高める実践例

(1) 実践のねらいと特徴

　特別支援学級における外国語活動の指導にあたっては，他の教科・領域の指導と同様に，障害によるつまずきや困難さに配慮すること（＝自立活動と接点を持つこと）が必要である。そこで，私は，ソーシャルスキルトレーニング（以下SST）を外国語活動に取り入れてきた。SSTとは，対人関係を円滑にするために必要な知識や技能を獲得するための練習のことで，その基本のステップの「手本を示す・リハーサル・評価・日常の定着」が，外国語活動のアクティビティの手順と重なっている部分が多くある。また，外国語活動のゲームには，「ルールを守る」「相談する」など，ソーシャルスキルを学ぶための要素が多く含まれている。つまり，SSTの視点や手法を外国語活動に上手に埋め込むことによって，ソーシャルスキルを高めつつ，コミュニケーション能力の素地の涵養という外国語活動の目標達成に近づくことができると考えた（塚田・吉田・中山，2013）。

(2) 実践例

①感情表現を知る活動
○ねらい
　・英語での感情表現を知る。　　・他者の意図や自他の感情を理解する。
○準備物
　　感情表現（happy, sad, angry, hungry, sleepy, tired等）について，「感情を連想させるイラスト（happyを例にとるとケーキ）」と「シンプルな顔のイラスト」と「身近な人物の写真」

○活動の進め方
1)プレゼンテーションソフトを活用して，音楽に合わせて準備しておいた写真やイラストを順番に表示し，動作をつけたり，チャンツ形式で発語を促したりする（図1）。
2)学んだ感情表現を手作りのデジタル絵本 *Let's be friends.* の中で疑似体験させる。物語の途中にクイズを入れたり，イラストの中に児童の顔写真をはめ込んだりして，集中が続くような工夫も施した（図2）。
3)イラストや写真を使って，感情バスケット（ルールはフルーツバスケットと同じ）等のゲームを行う。

図1　happyの例

図2　デジタル絵本の一部

本活動では，リズムがよい，ジェスチャーを伴う，表情豊かであるなどの英語の特性を生かして感情表現の練習をした後，個から集団へと活動の場が広がるようにアクティビティを構成することで，ねらいとする能力の定着をめざした。

いつも"happy"とだけ答えていた児童は，"I'm sleepy."や"I'm hot."などと自分の感情を見つめて答えられるようになった。また，"How are you?"と言いながら，感情サイコロ（表情の異なる顔のイラストを貼った大きなサイコロ）を転がして遊んだり，クラスがhappyになるようにと笑顔のイラストの面を正面に向けたりして，自分や友だちの感情を意識できるようになった児童もいた。視覚優位の特性を持つ児童は，音楽に合わせて画面に現れるイラストや写真を見て，楽しそうに"happy"などのことばを繰り返していた。

②ロールプレイを活用した活動〜「友だちを旅行に誘おう」
○ねらい
・友だちを旅行に誘ったり，誘われたりする英語の表現に慣れ親しむ。
・ゲームのやり方やルールを理解して，小集団活動に参加し，コミュニケー

ション力及び自己有用感を高める。
- 外国の文化に興味や関心を持つ。

○準備物
- 児童が興味を持っている5つの国を選択し，各国の代表的な〈料理と料理を作っている人〉〈スポーツ選手〉〈動物〉の3種類の写真を用意する。教室の壁に国旗を貼り，その近くに前述した3種類の写真を置いておく。
- 学習に見通しを持って不安なく取り組めるように，学習の流れをパターン化し，紙に書いて掲示しておく。
- スムーズにセリフを言えるように「文字＋絵の台本」("Do"の"o"を，ドーナッツにして，「ドゥ」の発語を促したり，"You""o"の中に，相手を指さしているイラストを挿入して，単語と意味を関連づけて単語を読めるように工夫したもの)を準備する(図3)。

図3　「文字＋絵の台本」の一部

○活動の進め方
ステップ1　友だちを旅行に誘うロールプレイ
1) 役を決める。
　A：誘う人（ガイド役）
　B：誘われる人（お客役）
2) Aは行きたい国（例：カナダ）と誘う相手Bを決めて，Bの前に立ち，台本を見ながらセリフを言う（図4）。

図4　ロールプレイ

　A：I go to Canada. Do you go to Canada?
　B：Yes, I do.
　A：Let's go to Canada.
　B：Yes, let's go.

3) Aは飛行機のまねをしながら，Bをカナダ国旗のところに案内する。

4）AはBに，国旗の近くに置かれている写真カードを渡す。Bは，食べ物カードを渡されたら，食べるまねをする（スポーツ，動物も同様）。
5）Aは，飛行機のまねをしながら，Bと一緒に帰国する（もとの場所に戻る）。

> B：Thank you. I am happy.　A：I am happy, too.　A／B　Good bye.

＊ロールプレイで使う英語の表現は，児童の実態に合わせる。

ステップ2　ミッション！インタビューゲーム

1）インタビューに使う表現の練習をする（例："Where do you want to go?"）。
2）別室にいる教師に一人ずつ"Where do you want to go?"と尋ねに行く。
3）レポートタイムで，みんなで声をそろえて答えを発表する。

　本活動では，SSTのリハーサル（ロールプレイ）をヒントにした小集団活動を行った。「旅行に誘う→人を楽しませることができる」「旅行に誘われる→友だちから好かれている」という自信を持つことができ，自己有用感を高めることにつながった。日頃は，オウム返しのことばが多い児童も，台本を見たり友だちに手伝ってもらったりしながら，友だちを誘う活動に参加できた。ミッション！インタビューゲームは，質問をする必然性やミッションをクリアしたという達成感があることから，児童に人気のゲームとなった。

(3) 終わりに

　児童の実態把握を出発点として，外国語活動のねらいを明確にし，SSTの視点や手法を導入することにより，個々の児童のソーシャルスキルを高める有意義な外国語活動となった。具体的には，活動のねらいを指導案及び指導計画に明記し，児童の特性に合ったアクティビティや支援方法の工夫をしながら計画的に実践した。

　児童の主体的な学びに向けて，評価の工夫が必要である。そこで，これまでの教師による行動観察や児童による振り返りカードに加えて，児童が自分で達成状況を知り，次のステップ（次に取り組むべきこと）を意識できるようなルートマップ的ルーブリック評価に期待を持って取り組んでいるところである。

（塚田初美）

実践例 18
専科教員としての取り組みの実践例

　宇和島市立明倫小学校は，全学年3学級で編成され，学級は30名程度の児童で構成されている中規模校である。平成28(2016)年度から専科教員（筆者）が配置され，市教育委員会から派遣されたALTかJTEと授業を行っている。児童は外国語活動に意欲的に取り組み，アンケートに「好き」と答える児童が97％以上いる(平成28年度5月，9月，3月実施)。好きと答えた理由については，ほとんどの場合が「ゲームが楽しいから」など，外国語を学ぶということからは少し離れたものであった。

　楽しみながら外国語に興味を持ち，学習に取り組むことはよいことだが，内的動機づけが生まれるような授業改善の必要があるといえる。そうすることで，中学校の外国語（英語）科へのスムーズな接続が生まれ，また平成32(2020)年度の教科化に向けた準備ができるからである。学習意欲を持続させたり，向上させたりする手立てを講じ，自ら学習する児童の育成につなげることが大切だと考えている。

　専科教員が配置されたことにより，外国語活動がより好きになる児童を増やすことが期待され，能力向上を進めなければならないと感じている。また教員研修では，制度改変の説明や活動の特性を加味した単元及び授業構成の工夫，Classroom Englishの利用についての研修が望まれている。そのために，研究授業を通して単元及び授業構成の在り方を公開してきた。他校からも参観を受け入れ，意見交換を行ったり，研修会の講師を務めたりもしている。

　学級担任と専科教員，両方の立場からの指導を経験していえるのは，専科教員は学級の児童を十分理解した上で授業展開や単元構成を行うことが必要になるということである。各学級の特徴を理解し，学級に応じてレッスンプランを調整しながら指導していく必要があるからである。

(1) 実践のねらいと特徴

　本校児童の課題である学習意欲の低下防止と向上については，楽しい授業だけでは限界があり，対応が難しいと考えた。そこで，児童自らが主体的に学ぶようにするために，次のような2つのポイントから実践を行うことにした。1つめが「単元構成の工夫及び授業展開の工夫」であり，2つめがルーブリックを用いた「評価方法の工夫」である。

(2) 実践例

①単元構成の工夫及び授業展開の工夫の実践例

○学年：第6学年　88名
○単元，教材：*Hi, friends! 2* Lesson 6

1) 単元構成の工夫

　この単元は，時刻と16の動作を表す語句を利用しながら，一日の生活を紹介し合ったり，世界の時差を知ったりする単元になっている。発表活動のために覚えなければならない語句の数が多いので，飽きさせないで何度も慣れ親しませる工夫が必要である。そこで，導入時に最後に行う活動（Who am I? クイズ大会）を伝え，毎時間例題を提示するようにした。このときに，クイズやヒントの出し方，質問の仕方などを少しずつ身につけさせていく。他教科と関連させたクイズ作りをしながら同時に単元を進めていく「入れ子構造」の授業になった。毎時間，終末の活動を意識しながら授業を受けるため，表現方法などの質問が増えたり家庭や図書館などで調べ学習をしたりと，主体的に学習を進めるようになった。少しずつクイズ作りを進めることで，いろ

いろなアイディアを思いつくとともに，上手にクイズを出すためのさまざまな工夫も生まれてきた。

2) 授業展開の工夫

言語材料が多かったり，センテンスが長かったりすると児童の学習意欲は下がってしまう。また，授業が進むごとに，覚えておかな

2	Review	15	
	復習する		
(1)	Pointing game	(5)	個人
(2)	Key word game	(5)	グループ
(3)	Let's chant.	(5)	全体

ければ参加できない活動が多くなっていく。そのため，復習を効果的に取り入れ，安心して発話できるように工夫をこらした。

まず，前回の活動を思い出すためのヒントとなる情報を与えたり発問をしたりする。このとき，児童はグループで座っているが，最初は，個人で行う「つぶやき振り返り」の時間を取るが，思い出せない児童はグループで教え合う場面が自然にでき，全体での復習へと入っていく。自主的に復習をしたり教え合ったりする活動をすることで安心して発話する環境が整ってくる。続いて，ゲームを通して復習を行うが，最初は語句だけを用い，次にセンテンスを利用し，最後には児童同士で進めていくゲーム活動を通して発話する機会を増やしていくようにする。単元が進むごとに復習の内容が多くなり，時間が長くなっていく。また，休み時間に使用したチャンツを流しておくと，使用する文や単語を自然に思い出したり覚えたりすることができ，自信を持って発話することにつながるようである。

②評価方法の工夫とその実践例

1) 振り返りカード

5年生初めの振り返りカードの感想は「ゲームが楽しかった」という記述が多かったが，教師からのカードへのフィードバックや友だちの気づき・感想を聞くことで，習得や活用の楽しさにも目を向けるようになってきた。さらに推測しながら英語を聞く楽しさに気づかせるように働きかけると，途中で聞くのをあきらめる児童がいなくなり，集中して聞こうとする児童が増えてきた。

2) ルーブリック評価

児童自身が自分の学習状況を把握し、意欲を持って学習を進めていくためにルーブリック評価を利用してみた。技能を十分に身につけている児童の中で、どちらかというと自己肯定感の低い児童は、いつまでも低い評価をつけがちであった。そのため、評価時に直接声かけを行ったりシートにフィードバックしたりした。そうすると、自分が考えているよりも話せるようになっていることに気づき、活動中に語句などが出てこなくなった友だちを助けてあげる姿さえ見せるようになっていった。反対に、自己有能感の高すぎる児童が、評価が下がることもある。自分の技能が十分でないことがわかり、自信をなくしてしまうようである。今後は、効果的な自己評価の手立てを構築する必要があると感じている。

(3) 終わりに

　専科教員として授業改善等を行ってきたが、よりよい授業のために一番大切なことは児童理解だと考えている。しかし、学級担任とは違い連続的に児童と関わることはない。そのため、担任と連絡を密にすることや児童とのふれ合いが重要である。また、主体的な取り組みを促すためには、児童の知的好奇心を喚起する必要がある。そのためには、他教科と関連した題材を扱ったり、他教科の指導で利用した教材教具を使ったりすると大変効果的である。

　ペア学習やグループ活動を行うと、児童同士の関係が変化するようなことも起こってくる。そのようなときには、学級担任と情報の交換を行うことを心がけるようにしている。学級担任と相談しながら、他教科や行事等を含めて計画的に題材を扱ったり、教材作成に協力してもらったりすることで、児童の身近な題材を学級にふさわしいかたちで教材化することが大切だと考えている。

(三谷浩司)

実践例 19
学び合い成長し合う校内研修の実践例

(1) 実践のねらいと特徴

　前回（平成20年）の学習指導要領の改訂で，小学校に初めて外国語（英語）が導入された。そのため，小学校に勤務する教師の多くは，指導することへの不安を感じたことであろう。今回，10年を経ずして外国語活動が「教科としての英語」にかたちを変えようとしている。平成32（2020）年の新学習指導要領の完全実施に向け，英語指導推進教諭を中心に，各市町村単位で研修が実施されている。万全の方策を講じて浸透を図っていくことになると思うが，学校現場では，不安の声が多くあがっている。

　そのすき間を埋めていくのが，各学校における「校内研修」である。校内研修の意義は，教師の専門性を高め，そこで得たものを児童に還元することである。

　現在，教師を取り巻く環境は，研修時間の確保という点からだけみても，非常に厳しいものがあり，効率のよい取り組みが求められる。同時に，何を求めて（研修の方向や内容），どのように推進するのか（研修の方法や研修の質）という視点を見定めていくことも忘れてはならない。

　筆者の勤務していた旭川市立北光小学校は，平成20（2008）年度から2期5年間，外国語活動（英語）を研究領域として，指導方法や新しい授業の在り方を探ってきた。筆者は，前半2年間は研究部長として，後半3年間はJTEの立場で研究推進の役割を担ってきた。期間中，文部科学省の「外国語活動における教材の効果的な活用及び評価の在り方等に関する実践研究事業」実践校指定を受け，4回の公開研究会を開催した。

　「どの先生方も自信を持って指導を進めていた」「全学年で指導の流れが統一されている。そのため，児童が次に何を行えばよいのかを理解して学習に臨ん

でいる」などの評価を，参会者から得ることができた。

(2) 研修の具体的な取り組み

①機能する校内研修の推進のために～教師集団の「ニーズ」を束ねること

　英語が外国語活動というかたちで導入されることが決まり，現場では指導をどのように進めていけばよいのか手探りの状況下でのスタートであった。校内研修を機能させるためには，教師個々が研修の主体者であるという意識の高まりが必要である。そのためには，この研修を通して何を究明したいのか，何を身につけたいのかという教師一人ひとりの「ニーズ」を研修内容に反映させることが大切である。そこで，研究1年次は，翌年開催予定の公開研究会につなぐことをめざし，以下の3点にしぼり研修を進めた。

　1) 学習指導要領が示す内容を読み解くこと（共通の基盤作り）
　2) 教師個々が抱える「ニーズ」の開拓と対応（意識と主体性の向上）
　3) 授業に生きる「アクティビティ」の進め方（実践力と授業力の向上）

　この研修を通して，教師個々の意識が高まり，以降の研修の活性化へとつながっていった。

②校内研修でめざす授業像を確認し実践へ～到達可能な「Goal」の設定

　研究の方向を見定め，どの教師でも到達可能なゴールを設定することは重要である。「実践に基づき，スモールステップで構成された研修」を経ることで，ゴールへの到達が可能となる。児童が生き生きと英語を学び，進んで英語を使いたくなる授業を行うためには，教師が「自信」を持って授業に臨むことができなければならない。そこで翌年からは，以下の2点を研修内容に加えて，授業を中心とした実践的な研修を進めることにした。

　1) 「ニーズ」を開拓し，解消・解決するための研修を進めながら，教師すべてが英語の授業を行えることをめざし，基本的な指導過程を定めた。指導過程に適したアクティビティや教室英語，さらにICT教材やテキスト活用の研修も並行して行った。

　2) 指導方法を共有化するために，「B-SLIM」(Bilash's second language instructional

model)を導入した。「B-SLIM」とは，カナダ・アルバータ州立大学Olenka Bilash博士が考案した第二言語指導理論で，北海道教育委員会が推奨する指導方法である。筆者が平成12（2000）年から平成18（2006）年まで勤務した旭川市立日章小学校では，この指導方法を導入して共同実践を行い，その成果は全国的にも高く評価された。

O.Bilash博士を迎えての授業研究会

③**授業研究で実践的に検証すること～公開研究会と全教師の授業公開**

校内研修は，児童の学ぶ姿に具現化されることで初めてその目的が達成される。研修で学んだことを授業研究で検証するという総意のもと，

1）授業（指導）の進め方はどうであったか

2）児童は「生き生き」と「進んで」外国語活動に取り組んでいたか

という2点について，児童や教師の自己評価，さらに参観者評価なども加えて，教師の指導力を高める研修を繰り返した。

第1期の3年間で，公開研究会の授業者をはじめとし，事前授業研究会やブロック授業など，全員が授業提供者となったことは特筆すべきことである。

また，この期間中には，学級担任全員が1年間に一度，参観日等で英語（外国語）授業を保護者に公開するという取り組みも行った。

質の高い研修と授業研究で得た「自信」は，教師を，さらに教師集団を確実に変えていくということを目のあたりにすることができた。

④**ネットワークの構築と還流活動の充実**

第2期に入ると，他県や他都市で開催される公開研修会へ参加したり，英語研究団体が主催するワークショップ等へ参加したりする教師が増えてきた。ま

た，外国語活動実践先進校ということで，研修会講師や授業研究会助言者に招かれる機会も多くなってきた。研修の充実のために，資料の回覧だけではなく，そこで学んだことや新たな試み，授業の様子などを文書で還流し合うことで，次の研修への新たな視点やヒントを得ることができるようになってきた。

一方，「中学校との連携」については，十分な取り組みができなかった。研修を進めていく上で，今後，避けては通ることのできない大きな課題として見据える必要があると考えている。

(3) 終わりに

英語が外国語活動というかたちで小学校に導入されて以降，筆者は校内研修の領域が英語・外国語活動である学校に勤務してきた。しかし，全国的に見ても，そのような環境の学校は少ないのではないかと考えている。

ではそのような場合，どのようにして外国語を校内研修の俎上に載せていくのかというアイディアを簡単に述べておきたいと思う。

校内に担当できる教師がいないときには，外部から講師を迎える体制を整えることが必要である。

①教師のニーズに基づくピンポイントの研修として―まず1年に1回から。
②実技研修の一環として―アクティビティを通して楽しむことから始める。
③還流報告として―英語情報を提供するだけでも関心は芽生える。

約二十数年間，校内研修担当として，さまざまな領域の研修を推進してきた。その中で，最も大切にしてきたことは，「研修に主体的に関わってもらうためには，ニーズを引き出し，適切に対応できる研修にすること」と「共通理解できるゴールを設定し，実現のためのstrategy（戦略・方向性）を明確に示すこと」の2点である。そうすることで校内研修は確実に変わっていくと考えている。

(小山俊英)

参考/引用文献

天城勲（1997）『学習・秘められた宝―ユネスコ「21世紀教育国際委員会」報告書』ぎょうせい．
アレン玉井光江（2010）『小学校英語の教育法―理論と実践』大修館書店．
泉惠美子・田縁眞弓（2016）「小学校英語におけるリタラシー指導のあり方―バランスト・アプローチを中心として―」『京都教育大学教育実践研究紀要』16号，pp.87-96．
板場良久（2010）「新しいコミュニケーション能力」池田理知子（編著）『よくわかる異文化コミュニケーション』ミネルヴァ書房．
卯城祐司（2014）「小学校英語を担う指導者養成と学び続ける教師の支援」『英語教育』第63巻第5号，大修館書店，pp.30-31．
内田伸子(2005)「小学校1年からの英語教育はいらない―幼児期～児童期の『ことばの教育』のカリキュラム」大津由紀雄（編著）『小学校での英語教育は必要ない！』慶應義塾大学出版会，pp.100-137．
愛媛県松山市立北久米小学校『平成26年度研究集録　豊かに関わり，より良く学び合う児童の育成～学びの質を高める言語活動の工夫を通して～』
旺文社（編）（2012）『英検2級 でる順パス単』旺文社．
太田信雄（編著）（2009）『TOEICテスト600点突破！音読カード』第三書房．
大津由紀雄（2011）「『ことばへの気づき』を育てる―小学生にとっての英語を考える」ラボ教育センター編『佐藤学　内田伸子　大津由紀雄が語ることばの学び，英語の学び』ラボ教育センター，pp.17-46．
岡秀夫・金森強（編著）（2012）『小学校外国語活動の進め方―「ことばの教育」として』成美堂．
加賀田哲也（2013）「指導者の役割，資質と研修―よりよい指導者をめざして」樋口忠彦・加賀田哲也・泉惠美子・衣笠知子（編著）『小学校英語教育法入門』研究社，pp.27-37．
門田修平・池村大一郎（編著）（2006）『英語語彙指導ハンドブック』大修館書店．
金森強（2002）「21世紀の国際理解教育・グローバル教育・英語教育・サービスラーニング」『地域総研所報』11巻，pp.83-92．
金森強（監修）（2008）『歌っておぼえるらくらくイングリッシュ2』成美堂．
金森強（2011）『小学校外国語活動 成功させる55の秘訣―うまくいかないのには理由（わけ）がある』成美堂．
金森強（2014）「『全人教育』としての小学校英語教育」『英語教育』第63巻第5号，大修館書店，pp.10-11．
金森強（2017）「日本の小学校英語教育におけるCLILの可能性」『小中高英語教育連携によるCLILカリキュラムおよび研修プログラムの開発』報告書．研究代表：山野有紀　JSPS　科研費研究17K02881．
古賀裕子・飯沼慶一（2009）「人間関係トレーニングの手法を取り入れたグローバル教育の試み」『関係性の教育学』8巻1号，pp.198-213．
佐藤郡衛・林英和（2005）『国際理解教育の授業づくり』教育出版．
佐藤正二（2005）「ソーシャルスキル教育の考え方」佐藤正二・相川充（編）『実践！ソーシャルスキル教育　小学校編―対人関係の能力を育てる授業の最前線』図書文化，pp.6-15．
滋賀県彦根市立佐和山小学校（2017）『平成28年度研究紀要』．
柴田里実（2011）「英語コミュニケーション能力を向上させるために」高橋美由紀・柳善和（編著）『新しい小学校英語科教育法』協同出版，pp.206-215．

ジャパンタイムズ＆ロゴポート（2015）『出る順で最短合格！英検２級単熟語EX』ジャパンタイムズ．
白畑知彦（2008）「大学における小学校英語教員養成─実態とこれからの課題・要望」『英語教育』第57巻第６号，大修館書店，pp.20-22.
鈴木健（2010）『政治レトリックとアメリカ文化─オバマに学ぶ説得コミュニケーション』朝日出版社．
塚田初美・吉田広毅・中山晃（2013）「ソーシャルスキルトレーニング（SST）を導入した特別支援学級における外国語活動」『JES Journal』Vol.13, pp.4-19.
東京学芸大学（2017）『文部科学省委託事業「英語教員の英語力・指導力強化のための調査研究事業」平成28年度報告書』http://www.u-gakugei.ac.jp/~estudy/report/index.html（2017年８月４日アクセス）
投野由紀夫編（2013）『英語到達度指標　CEFR-Jガイドブック』大修館書店．
塘利枝子（2017）「発達心理学から見た異文化間能力─発達段階を考慮した異文化間能力のモデル化に向けて─」『異文化間教育』45.
二宮衆一（2013）「イギリスのARGによる『学習ための評価』論の考察」『教育方法学研究』38, pp.97-107.
ダイアン・ハート（著），田中耕治（監訳）（2012）『パフォーマンス評価入門』ミネルヴァ書房．
藤田保（2011）『先生のための英語練習ブック』アルク．
J.ブルースター・G.エリス（著），佐藤久美子（編訳），大久保洋子・杉浦正好・八田玄二（訳）（2005）『小学校英語指導法ハンドブック』玉川大学出版．
文溪堂（2015）『改訂新版　５年生の道徳』（道徳副読本）
Benesse教育研究開発センター（2010）「第２回小学校英語に関する基本調査（教員調査）」http://berd.benesse.jp/berd/center/open/report/syo_eigo/2010/pdf/data_05.pdf（2017年３月25日アクセス）
松尾知明・森茂岳雄（2017）「異文化間能力を考える」『異文化間教育』45.
松川禮子（2001）「小学校英語教員養成のためのカリキュラム試案」『英語教育』第50巻第８号，大修館書店，pp.54-58.
松川禮子・大城賢（2008）『小学校外国語活動実践マニュアル』旺文社．
松沢伸二（2011）「英語教育評価論」石川祥一・西田正・斉田智里（編）『テスティングと評価：４技能の測定から大学入試まで』大修館書店．
松下佳代（2007）『パフォーマンス評価─子どもの思考と表現を評価する』日本標準．
松本茂（2016）「第７章　企業活動とコミュニケーション」立教大学経営学部編『善き経営 GBIの理論と実践』丸善雄松堂．
村松賢一・金本良通（2006）『コミュニケーション能力の育成と指導─伝え合い・確かめ合い・深め合う授業の創造─国語力・算数力・学べる力を伸ばす！』教育報道出版社．
矢野安剛ほか（2011）『英語教育学体系第二巻　英語教育政策─世界の言語教育政策論をめぐって』大修館書店．
山田雄一郎（2006）『英語力とは何か』大修館書店．
山野有紀（2013）「小学校外国語活動における内容言語統合型学習（CLIL）実践と可能性」日本英語検定協会編『Eiken Bulletin Vol. 25（「英検」研究助成報告）』.
吉島茂・Ryan, S.（編訳）（2014）『外国語教育Ⅴ　一般教育における外国語教育の役割と課題』朝日出版社．
吉島茂・大橋理枝（編訳）（2015）『外国語教育Ⅵ　言語（外国語）教育の理念・実践案集』朝日出版社．
吉島茂・Ryan, S.（編）（2015）『外国語教育Ⅶ　グローカル時代の外国語教育』朝日出版社．

Arengo, S. (1998). *The enormous turnip*. Oxford University Press.
Black, P. J., and Wiliam, D. (1998). Assessment and classroom learning. *Assessment in Education: Principles, Policy & Practice 5*(1) (pp. 7-74).
Bonwell, C. & Eison, J. (1991). *Active learning: creating excitement in the classroom*. ASHE-ERIC Higher Education Report No. 1. Washington, D.C., Jossey-Bass.
Burke, K. (2009). *How to assess authentic learning*. Thousand Oaks, CA: Corwin.
Butler, Y. G. (2016). Self-assessment of and for young learners' foreign language learning. Nikolov, M. (Ed.), *Assessing Young Learners of English: Global and Local Perspectives* (pp. 291-315). Switzerland, Springer International Publishing.
Canale, M. and Swain, M. (1980). Theoretical bases of communicative approaches to second language teaching and testing. *Applied Linguistics 1*(1) (pp. 1-47).
Canale, M. (1983). From communicative competence to communicative language pedagogy. Richards, J and Schmidt, R. (Eds.) *Language and communication* (pp. 2-27). Longman.
Center for Curriculum Redesign (2015). Four-dimensional education: The competencies learners need to succeed http://curriculumredesign.org/our-work/four-dimensional-21st-century-education-learning-competencies-future-2030/
Christelow, E. (1989). *Five little monkeys jumping on the bed*. Scholastic Inc.
Council of Europe (2001). *Common European framework of reference for languages: learning, teaching, assessment*. Cambridge. UK University Press.
Coyle, D. (2007). Content and language integrated learning: Towards a connected research agenda for CLIL pedagogies. *International Journal of Bilingual Education and Bilingualism* Vol. 10 (pp. 543-562).
Cummins, J. (1984). *Bilingualism and special education: Issues in assessment and pedagogy*. College-Hill Press.
Droge, D. (1996). *Disciplinary pathways to service-learning*. Campus Compact National Center for Community Colleges. Mesa Arizona.
Fadel, C., Bialik, M. and Trilling, B. (2015). *Four-dimensional education: The competencies learners need to succeed*. Center for Curriculum Redesign (CCR)
Genesee, F. and Upshur, J. (1996). *Classroom-based evaluation in second language education*. New York, NY: Cambridge University Press.
Gratton, L. and Scott, A. (2016). *The 100-year life*. Bloomsbury Information.
Harlen, W. and Winter, J. (2004). The development of assessment for learning: Learning from the case of science and mathematics. *Language Testing 21*(3) (pp. 390-408).
Hymes, D. H. (1972). On communicative competence. Pride, J. B. and Holmes, J. (Eds.) *Sociolinguistics* (pp. 269-293). Penguin.
Kiely, R. (2011). Understanding CLIL as an innovation. *Studies in Second Language Learning and Teaching 1*(1) Department of English Studies. Faculty of Pedagogy and Fine Arts. Adam Mickiewicz University.
Kusano, et al. (2013). The effects of ICT environment on teachers' attitudes and technology integration in Japan and the U.S. *Journal of Information Technology Education* Vol. 12.
LEAP Elementary School Teacher Training Cascade, Using Stories in Class 1: *Demonstration and Input*. Session Notes.

Lobel, A. (1970) *A lost button; Frog and toad are friends* (I Can Read Book 2), New York, NY: Harper & Row.
McLagan, P. (2006). *European language portfolio – Junior version: Revised edition.* London: CILT, the National Centre for Languages.
Mehisto, P., Frigols, J. and Marsh, D. (2008). *Uncovering CLIL.* London, Macmillan.
Nodari C. et al. (2015). *Sprachprofile.* 吉島茂（訳）(2015)「ドイツ語圏：言語プロファイル１－５」，吉島茂ほか（編）『外国語教育Ⅵ　言語（外国語）教育の理念・実践案集』朝日出版社, pp.115-229.
O'Malley, J. M. and Valdez-Pierce, L. (1996). *Authentic assessment for English language learners: Practical approaches for teachers.* Boston, MA: Addison-Wesley.
Savignon, S. J. (2001). Communicative language teaching for the twenty-first century. Marianne Celce-Murcia. (Ed.) *Teaching English as a second or foreign language.* Third ed., (pp.13-28). Heinle & Heinle.
Shoji, K. (2013). *Effect of the use of interactive board in elementary school foreign language activities.* (Unpublished thesis) Hokkaido University of Education, Asahikawa.
Widdowson, H. G. (2003). *Defining issues in English language teaching.* Oxford University Press.
Wiliam, D. (2011). What is assessment for learning? *Studies in Educational Evaluation, 37* (pp.3-14).

中央教育審議会（1996）「21世紀を展望した我が国の教育の在り方について（答申）」
文部科学省（2009）「高等学校学習指導要領」
文部科学省（2011a）「教育の情報化ビジョン～21世紀にふさわしい学びと学校の創造を目指して～」
文部科学省（2011b）「コミュニケーション教育推進会議審議経過報告『子どもたちのコミュニケーション能力を育むために』」
東京都教育委員会（2012）「小学校外国語活動の充実に向けて―適切な外国語活動の評価についての校内研修を進めていくために」http://www.kyoiku.metro.tokyo.jp/buka/shidou/manabiouen/gaikokugo/jujitsu.pdf（2017年3月25日アクセス）
文部科学省（2012）「『グローバル人材育成推進会議』の審議のまとめ」
文部科学省（2013a）「第2期教育振興基本計画」
文部科学省（2013b）「グローバル化に対応した英語教育改革実施計画」
文部科学省（2014a）「学びのイノベーション事業実証研究報告書」
文部科学省（2014b）「今後の英語教育の改善・充実方策について　報告　～グローバル化に対応した英語教育改革の五つの提言～」
文部科学省（2015a）「平成26年度『小学校外国語活動実施状況調査』の結果について」
　　http://www.mext.go.jp/a_menu/kokusai/gaikokugo/1362148.htm（2017年3月25日アクセス）
文部科学省（2015b）「平成27年度学校における教育の情報化の実態等に関する調査結果（概要）」
中央教育審議会（2016）「幼稚園，小学校，中学校，高等学校及び特別支援学校の学習指導要領等の改善及び必要な方策等について（答申）」
文部科学省（2016）「中学年を対象とした，絵本活用に関する基本的な考え方」
　　http://www.mext.go.jp/a_menu/kokusai/gaikokugo/__icsFiles/afieldfile/2016/05/02/1370109_1_1.pdf
文部科学省（2017a）「『2016年度の英語教育実施状況調査』の結果」
文部科学省（2017b）「小学校学習指導要領」

編著者・執筆者一覧

■**編著者**

金森　　強　文教大学
本多　敏幸　千代田区立九段中等教育学校
泉　惠美子　京都教育大学

■**執筆者**(執筆順)

平木　　裕　文部科学省初等中等教育局	中山　　晃　愛媛大学
松本　　茂　立教大学	山本　幸子　那須塩原市立塩原小中学校
泉　惠美子　上掲	岡本　耕治　尾道市立日比崎小学校
本多　敏幸　上掲	行廣　　剛　尾道市立日比崎小学校
森　　浩司　長崎大学教育学部附属中学校	大谷　哲也　尾道市立日比崎小学校
関口　和弘　横浜市立小雀小学校	中嶋美那子　目黒区立田道小学校
髙橋　和子　明星大学	久保　　稔　名寄市立中名寄小学校
金森　　強　上掲	大門　賀子　千早赤阪村立千早小吹台小学校
吉田　達弘　兵庫教育大学	吉川真由美　横浜市教育委員会
赤沢　真世　大阪成蹊大学	遠藤恵利子　仙台市立向山小学校
田邉　義隆　近畿大学	渡邊　知子　鴨川市立田原小学校
石塚　博規　北海道教育大学	渡部　栄美　墨田区立第二寺島小学校
奥村　真司　武庫川女子大学	前田　陽子　熊本市立飽田東小学校
小野　　章　広島大学	阿部　優子　横須賀市立諏訪小学校
髙味　み鈴　昭和女子大学	新川　美紀　浦添市立港川小学校
吉村　達之　三鷹中央学園三鷹市立第七小学校	塚田　初美　旭川市立豊岡小学校
大谷みどり　島根大学	三谷　浩司　宇和島市立明倫小学校
福田スティーブ利久　文教大学	小山　俊英　旭川英語教育研究所
多田　玲子　大阪教育大学（非）	

主体的な学びをめざす小学校英語教育
——教科化からの新しい展開——

2017年10月17日　第1刷発行

編著者	金森　　強 本多　敏幸 泉　惠美子
発行者	山﨑　富士雄
発行所	教育出版株式会社

〒101-0051　東京都千代田区神田神保町2-10
電話　03-3238-6965　振替　00190-1-107340

©T. Kanamori／T. Honda／E. Izumi 2017　　組版　ピーアンドエー
Printed in Japan　　　　　　　　　　　　　　印刷　神谷印刷
落丁・乱丁はお取替いたします。　　　　　　　製本　上島製本

ISBN978-4-316-80444-6　C3037